Édouard LABOULAYE

CONFÉRENCE

FAITE A LA

SOCIÉTÉ DU TRAVAIL

PAR

M. FRÉDÉRIC PASSY

Membre de l'Institut. — Député de la Seine.

Président d'honneur de la Société.

PARIS

LIBRAIRIE GUILLAUMIN ET Cie

14, RUE DE RICHELIEU, 14.

—

1884

PRINCIPAUX OUVRAGES

DE

M. FRÉDÉRIC PASSY

A LA LIBRAIRIE GUILLAUMIN ET Cie

Leçons d'Économie Politique, 2 vol. in-8°.

Mélanges Économiques, 1 vol. in-12.

L'Économie Politique en une séance; la Part de la France dans l'histoire de l'Économie Politique; la Barbarie Moderne et autres brochures sur diverses questions d'Économie Politique et de Morale.

Discours à la Chambre des Députés sur les *Accidents Industriels*, les *Syndicats Ouvriers*, la *Situation Économique*.

A LA LIBRAIRIE HACHETTE ET Cie

Les Machines et leur influence sur le Progrès Social, 1 vol. in-12.

Le Petit Poucet du XIXe siècle (G. Stephenson et les chemins de fer) 1 vol. in-12.

Leçons et Conférences diverses sur la Propriété, l'Hérédité, la Monnaie, la Liberté Commerciale, etc., dans la série des Entretiens Populaires et des leçons d'Économie Industrielle.

La Population (Malthus et sa doctrine) in-32.

L'Industrie Humaine, in-32.

A LA LIBRAIRIE CENTRALE

DES PUBLICATIONS POPULAIRES

Histoire du Travail, in-32.

DISCOURS
DE
M. FRÉDÉRIC PASSY

MESDAMES, MESSIEURS,

C'est de M. Laboulaye que je dois vous entretenir ce soir. L'ordre du jour, dont, en ma qualité de président, je dois être le plus scrupuleux observateur, m'en fait un devoir; et si j'avais pu être tenté de l'oublier, le rapport que vous venez d'entendre me l'aurait rappelé. La gratitude, d'ailleurs, y suffirait. Je ne vous dirai donc que peu de chose de nous-mêmes et de notre Société. Je dis *notre*, puisque, comme vient de le rappeler votre excellent président effectif, vous m'avez fait l'honneur, le très grand honneur de m'appeler à succéder, à votre tête, à l'homme éminent que vous y aviez si justement placé. (*Approbation.*)

Que vous dirais-je, d'ailleurs, de la SOCIÉTÉ DU TRAVAIL que vous ne sachiez déjà aussi bien, ou plutôt beaucoup mieux que moi? Tous ceux qui ont pris la parole dans ses réunions depuis son origine, et M. Schmidt, et M. Laboulaye, et M. Franck, qui l'a suppléé une année, et d'autres, vous ont, sauf la différence des termes, répété la même chose. Tous vous ont dit et redit que la SOCIÉTÉ DU TRAVAIL n'est pas seulement une société d'aide mutuelle et de mutuelle assistance, d'assistance honorable par conséquent, honorable pour celui qui la reçoit comme pour celui qui la donne, puisque, grâce à la réciprocité, chacun tour à tour oblige et est obligé, et que les services s'équivalent. Tous vous ont dit et redit que votre Société n'est pas seulement cela, c'est-à-dire une œuvre de prévoyance et d'intérêt bien entendu, mais qu'elle est une œuvre de dignité morale, d'union, de « solidarité », c'est le mot dont on se servait tout à l'heure, mettant, ainsi que le disait

---

Sténographié par G. DUPLOYÉ, 12, rue Notre-Dame de Nazareth, à Paris.

M. Schmidt lui-même, à son début, il y a douze ans, « la main de l'ouvrier dans celle du patron », tendant au rapprochement, je ne dirai point des classes (c'est un mot que depuis longtemps, pour ma part, je me refuse à employer), mais des situations différentes, et apprenant aux uns comme aux autres que, pour trouver de bons emplois comme pour trouver de bons employés, il faut offrir des garanties personnelles et commencer par valoir quelque chose, se recommander tout au moins d'une bonne réputation et d'un bon répondant. C'est mieux qu'une œuvre de bienfaisance matérielle, mieux qu'une affaire, mieux qu'une « bourse du travail » même, comme on le disait encore tout à l'heure en rappelant Montaigne, si heureusement cité aussi dès 1872 par M. Laboulaye lui-même; c'est, si j'osais risquer le mot, une bourse de fraternité. (*Mouvement.*) C'est un des moyens, un des nombreux, des innombrables moyens qui permettent, non pas de transformer le monde en un tour de main, mais de le modifier peu à peu; non pas de résoudre la question sociale en cinq minutes, mais de dénouer l'un après l'autre quelques-uns des nœuds de la question sociale; non pas de faire d'un trait de plume le bonheur de tous les hommes, mais de servir les hommes en les rapprochant, d'améliorer leur condition en les améliorant eux-mêmes, et de leur faire comprendre ces vérités que mon prédécesseur a passé sa vie à essayer de faire comprendre : à savoir que nos droits sont étroitement liés à nos devoirs; que notre bien s'accorde avec le bien de nos voisins; que tout intérêt légitime engendre un droit, de même que tout droit suppose un intérêt; et qu'au lieu qu'il y ait, comme certains le prétendent, antagonisme entre la prospérité des uns et celle des autres, au lieu que le profit de l'un soit, comme l'a dit Montaigne, qui, cette fois, s'est bien trompé, le dommage de l'autre, il y a, au contraire, lorsqu'elles sont fondées sur le travail, sur l'honnêteté, sur l'économie, sur la sobriété, sur la vertu et sur l'intelligence, accord et union entre les prospérités diverses, action et réaction bienfaisante des unes sur les autres, *harmonie* enfin, suivant la belle et consolante doctrine d'un homme que l'on nommait il y a quelques instants et dont je m'honore d'être le disciple, le grand et spirituel économiste Bastiat. (*Applaudissements.*)

Messieurs, tout cela, encore une fois, vous le savez; et je ne le rappelle, à vrai dire, que pour mémoire. L'honorable maire de cet arrondissement, quand pour la première fois la mairie fut ouverte à votre Société, a tenu à le proclamer, en disant que le nom seul de votre Société était « synonyme de moralité, de libéralisme, de liberté dans le bon sens du mot »; qu'elle « faisait du bien en relevant » ceux à qui elle en fait; et qu'elle tendait à la fois à apaiser les haines, à atténuer les souffrances et à développer l'activité productrice de la société. M. Laboulaye l'a proclamé à son tour en vous disant que « par le travail, par l'économie, par la sobriété » et par l'amour mutuel, mais par là seulement, « l'homme peut faire merveille ». Et M. Franck, montrant les funestes effets de la jalousie, de l'utopie et de la violence, n'a pas été moins net. Ils vous ont rappelé que le travail, la liberté et l'ordre marchent ensemble ; que pour donner de l'ouvrage il faut qu'il y en ait à faire; que pour récolter il faut semer et pour semer avoir récolté; que le capital et le travail, enfin, incapables de se passer l'un de l'autre, naissant et renaissant l'un de l'autre comme l'œuf et la poule, ne sont pas deux ennemis, mais deux frères, un frère aîné qui a tracé la voie et qui la montre, un frère cadet auquel l'aîné tend la main pour le faire avancer à sa suite et qui a son tour le soutient; l'un et l'autre, d'ailleurs, fils de la sagesse et de la paix, de la paix intérieure et de la paix extérieure, de la sécurité du jour et de la sécurité du lendemain, de la sécurité de la rue et de la sécurité de la frontière, puisque sans sécurité il n'y a point d'avenir, point de présent, point de confiance, et par conséquent point de travail, point de formation, point d'emploi et point de renouvellement du capital. Voilà ce qui vous a été dit, et encore une fois je n'insiste pas sur ces vérités en elles-mêmes. Mais ce sur quoi j'insiste, et ce qui fait que j'attends beaucoup de sociétés comme celle-ci, c'est sur la nécessité de faire pénétrer ces vérités partout où elles n'ont pas encore pénétré; de montrer comment on peut, oh! non pas sans peine (rien de ce qui vaut la peine d'être acquis et conquis ne s'obtient sans peine), mais avec de la peine, avec de la persévérance, avec de l'effort; comment on peut, dis-je, à ce prix, petit à petit, en faisant chaque jour sa besogne, chaque jour son trou, sa trouée parfois, à travers les préjugés, les haines et les préoccupations de l'ignorance, arriver à répandre autour de soi ces idées de fraternité, de justice, de bon accord, de respect mutuel du capital et du travail, d'harmonie, je reprends le mot, sans lesquelles il est impossible (et plus impossible peut-être qu'ailleurs dans une démocratie) de compter sur une prospérité sociale durable. (*Approbation.*)

Eh bien, Messieurs, personne sous ce rapport n'a fait plus et n'a mieux fait qu'Edouard Laboulaye. Personne n'a déployé tout ensemble plus d'activité, plus de zèle, plus de dévouement, plus de talent et d'adresse; et sa vie est à cet égard un enseignement ininterrompu, un enseignement admirable. Et c'est pourquoi je ne m'étonne pas, bien que la tâche soit lourde, que votre Président m'ait imposé pour premier devoir de retracer, d'esquisser du moins devant vous, comme on peut le faire en une heure ou un peu plus, cette existence d'un homme de grand mérite qui fut avant tout un homme de bien.

I

M. Laboulaye nous a dit, dans sa *Rhétorique populaire*, que, de tous les genres de sujets que peut choisir un conférencier, il n'en est pas de plus convenable que la biographie. « C'est tout ensemble », dit-il, « le plus beau et le plus facile. Le plus beau, parce qu'il n'en est aucun qui saisisse plus vivement l'attention. Le plus facile, parce que les faits, les anecdotes soutiennent l'orateur et charment ceux qui l'écoutent. En se personnifiant dans son héros, l'orateur lui emprunte quelque chose de son autorité et de son éclat. » (*Approbation.*)

Si cela est vrai (et je le crois), je devrais être bien à mon aise. Car je ne connais pas de biographie qui (sans que l'orateur ait le moins du monde la prétention de se personnifier dans son héros) (*sourires*,) soit plus riche et plus piquante que celle de Laboulaye, plus simple et plus élevée en même temps, plus abondante en détails charmants et en traits spirituels et fins. Je n'en connais pas où l'on ait à ce point, pour dire de bonnes choses et pour les bien dire, la ressource de puiser à pleines mains parmi les livres, les discours et la correspondance d'un homme de cœur qui était un homme d'esprit.

Et cependant, je l'avoue, j'éprouve, au moment d'entreprendre cette esquisse, un véritable embarras. Je fléchis à la fois sous mon indigence et sous l'excès des richesses. J'ai trop de matière pour une séance, et je n'en ai pas assez pour donner une idée complète de cette figure si intéressante et aux traits si variés. D'une part, je n'ai pu, bien que j'aie tout laissé pour cela dans ces derniers jours, disposer d'un temps suffisant pour reprendre complètement l'étude de cette vie si laborieuse et si originale; et, d'autre part, je sens, au moment de rassembler ces glanes insuffisantes, que la gerbe menace d'être énorme : à peine pourrai-je en garder la dixième partie, et je voudrais ne rien sacrifier.

Il n'a pas été fait, Messieurs, sur la tombe de M. Laboulaye, de discours officiels. Il n'en avait pas voulu. Non peut-être qu'il fût, de son vivant ou après sa mort, indifférent à ce que l'on pouvait dire ou penser de lui; mais il estimait les choses pour ce qu'elles valent et ne se payait pas de fausse gloire ni de fausse monnaie. M. Schmidt vous citait tout à l'heure un passage d'une lettre dans laquelle, en me remerciant d'avoir tenu sa place à une distribution de prix et parlé de lui comme je le devais faire, il me faisait l'honneur de me reconnaître pour un sincère représentant du libéralisme qu'il a pratiqué toute sa vie et de m'avouer pour son successeur.

Dans une autre qu'il m'écrivit après avoir lu le texte même des paroles dont il m'avait d'abord remercié sur la foi de ses amis, il me disait : « Grâce à vous, mon oraison funèbre est faite, et bien faite ; me voici représenté tel que je désire paraître devant la postérité. Je n'ai plus besoin des éloges officiels. » Et de fait il n'en eut pas. Ses obsèques n'y perdirent rien. Au défaut de ces témoignages, d'ailleurs, sa mémoire en a reçu d'autres. La volonté d'un homme, et celle de sa famille, peuvent interdire les discours au cimetière, sous la pluie qui glace les assistants ou sous le soleil qui les brûle. Elles ne peuvent effacer sa trace et éteindre son souvenir dans les différents corps auxquels il a appartenu, dans les divers milieux qu'il a traversés, et faire qu'on se taise absolument sur l'honneur de l'avoir possédé, sur le regret de l'avoir perdu. Il a donc été, en plusieurs lieux, parlé de Laboulaye avec une légitime admiration et une juste gratitude. Son successeur dans la chaire qu'il occupait au Collège de France, M. Flach, lui a consacré, comme c'était son devoir, sa première leçon. La Société Franklin, à laquelle il avait plusieurs fois prêté le puissant et utile concours de sa parole, a fait, dans sa dernière assemblée générale, rappeler par un de ses membres, M. Thierry-Mieg, les parties les plus charmantes des discours qu'il avait prononcés pour elle. M. Barboux, ancien bâtonnier de l'ordre des avocats, président de la société de législation comparée, lui a consacré à son tour, dans la séance annuelle de cette Société, quelques pages qui sont un véritable chef-d'œuvre : c'est, parmi ces travaux de mes devanciers, à peu près le seul que j'aie pu consulter. M. Flach, quoiqu'il y ait mis une extrême obligeance, n'a pas réussi à obtenir de la *Revue politique et littéraire* qu'elle me fît parvenir en temps utile les épreuves de son discours. Celles de M. Thierry-Mieg me sont arrivées ce matin ; et je n'y ai guère trouvé, ainsi qu'il avait bien voulu m'en prévenir lui-même, dans son excessive modestie, qu'un choix de citations déjà connues de moi. Quant au discours de M. Barboux, je l'ai là ; je lui ferai tout à l'heure quelques emprunts, et vous en apprécierez la valeur.

J'avais voulu faire davantage ; et je désirais, avant de venir devant vous, revoir, sinon toutes les œuvres de mon illustre maître (ce n'est pas ici le lieu de parler de ses travaux d'érudit et de jurisconsulte), du moins toutes celles qui ont un caractère populaire et s'adressent à l'ensemble du public. Quoique ma bibliothèque soit assez bien pourvue, il y a quelques-uns de ces volumes qui ne s'y trouvent pas, ou qui ne s'y trouvent plus : les livres, cela s'emprunte volontiers, cela ne se rend pas toujours. (*Rires.*) Il y avait un moyen tout indiqué pour combler cette lacune, c'était de m'adresser à l'éditeur. Il n'y a, vous le savez, si mince journal, ayant vingt lecteurs, qui, pour un compte rendu qu'il ne fait pas toujours, ne réclame deux exemplaires d'une publication quelconque et ne les reçoive aussitôt. J'avais la simplicité de penser que la Société du Travail et son Président d'honneur pouvaient, sans trop de présomption, se considérer comme méritant autant d'égards ; je veux dire moitié autant, car un exemplaire m'eût largement suffi. (*Sourires.*) Il paraît que je m'étais trompé ; car je n'ai eu aucune réponse, pas même pour m'accuser réception des quelques opuscules qu'à titre de remerciment... prématuré j'avais joints à ma requête. On a pensé sans doute que j'avais déjà trop de documents et que ce serait pitié de me charger encore. Je reconnais que l'on ne m'a pas rendu un mauvais service. Et comme je ne suis pas un ingrat, je profite de l'occasion pour vous dire que c'est l'éditeur Charpentier qui a publié la plupart des œuvres de Laboulaye ; qu'il a mis à les vulgariser, à les populariser et à les répandre, beaucoup d'habileté et de zèle; et que vous ferez très bien d'aller, si le cœur vous en dit, les acheter à sa librairie. J'espère qu'il ne refusera pas de vous en donner pour votre argent. (*Rires et applaudissements.*)

Toujours est-il qu'avec ce que j'avais sans lui, je ne sais plus où j'en suis ; et je songe malgré moi à l'embarras de certain personnage, ce n'était pas un orateur, c'était un âne (vous me direz que c'est quelquefois la même chose) (*Rires*) dont on parle dans les cours de philosophie. C'est un de ces vieux exemples, dits classiques, que les professeurs se transmettent de génération en génération, depuis des siècles, pour démontrer l'existence de la volonté et la liberté des déterminations, niées par ceux qui font de nous une machine fatalement mue par des instincts dont elle ne peut ni disposer ni s'affranchir. On suppose cet animal (on l'appelle l'âne de Buridan) placé, à égale distance exactement, entre deux bottes de foin de même volume et également appétissantes, en sorte que ni ses yeux, ni son odorat, ni ses mâchoires ne puissent être plus sollicitées par celle de gauche que par celle de droite. Et l'on en conclut, étant donné le système, que, se trouvant tiré en sens inverse par deux forces qui se neutralisent, il ne peut que rester immobile et indécis, et doit finir par mourir de faim entre ses deux déjeuners. (*Rires.*)

Je ne suis pas seulement entre deux bottes de foin (*Rires et applaudissements*), je suis entre des multitudes de bottes de foin (*nouveaux rires*) : ou plutôt je suis entre des multitudes de trésors. Je suis comme un homme devant lequel on aurait étalé des tas de perles et de pierres précieuses, et auquel on aurait dit : « Vous avez une heure à vous pour prendre là-dedans ce qui vous convient ; faites votre choix. Bracelets, parures, diamants, pierres diverses, tout est à vous : mais souvenez-vous que vous ne pouvez emporter que ce que tiendront vos deux mains. » Le malheureux est là, tout ébloui, qui regarde, qui réfléchit, qui hésite, se disant : « Voyons, est-ce cela qu'il faut prendre, ou bien ceci ? Emporterai-je cette grosse perle, ou ce petit diamant taillé en rose? Ne préférerai-je pas ces saphirs admirables, ou ces beaux rubis, ou ces opales au teint de lait mêlé de feu? » Il prend, il remet, il recommence. Et quand vient le moment d'en finir, ma foi, il va au petit bonheur; il plonge la main au hasard dans le tas, il en retire ce qu'il peut et il se sauve avec. (*Rires et applaudissements.*)

J'en ferai autant, tout simplement; je prendrai les citations comme elles viendront; et vous ne vous étonnerez pas si le collier que je suis chargé de dérouler devant vous n'est pas toujours bien symétrique, et si le fil dont je me servirai pour le rattacher laisse parfois à désirer. Je dois dire toutefois que je me propose (si je ne suis pas trop maladroit) de prendre de préférence mes perles dans les *discours populaires*. Ce ne sont pas les plus grosses de l'écrin de M. Laboulaye, mais ce sont peut-être les plus pures et les plus rares. Et je n'en veux d'autre témoignage que celui de ce juge éminent que je citais tout à l'heure, de M. Barboux, qui, après avoir rendu hommage aux grands travaux du jurisconsulte et de l'historien, a réservé ses derniers et plus vifs éloges pour les improvisations du conférencier, pour ces merveilles de bon sens, d'esprit et de sagesse, dans lesquelles on sent, dit-il, un orateur qui « a ses idées non dans la bouche, mais dans le cœur, et qui appartient à cette race d'hommes, la plus utile et la plus grande dans une société démocratique, pour qui les paroles sont des actes, qui *font la vérité*, suivant l'énergique expression de l'apôtre. Et avec cela », ajoute M. Barboux, « quelle simplicité dans la forme, quelle bonhomie souvent malicieuse, quel éloignement de toute déclamation, quel mélange d'anecdotes piquantes et de graves raisons, quelle sincérité dans l'expression du sentiment, quelle émotion produite par cette sincérité même, quelles rencontres imprévues et toujours heureuses de la familiarité et de l'éloquence, quel art merveilleux de préparer par un sourire l'explosion des larmes ! Car il est impossible, même après tant de temps écoulé et après tant d'événements et de vicissitudes, de lire sans être remué jusqu'au fond de l'âme les discours qu'il a prononcés sur *les maux de la guerre*, sur *l'art d'être heureux*, sur *l'éducation populaire*, parce que ces œuvres étincellent à chaque page de ces traits qui viennent du cœur et qui vont au cœur. On n'est pas seulement convaincu, on est touché, on partage son enthousiasme, on se sent pour un instant la force de secouer le manteau d'indifférence égoïste sous lequel s'abrite si volontiers la modération. On ne veut pas abandonner la place publique aux aboiements de la violence et de l'erreur ; on comprend ce qu'il y a de vraiment efficace dans l'énergie d'un Channing, d'un Horace Mann, se faisant les apôtres d'une idée, sacrifiant leur position, leur fortune, leur vie même, pour faire pénétrer de saines lumières dans ces masses profondes du peuple dont on doit tout craindre ou tout espérer. Et si, lorsque l'ardeur est refroidie, lorsqu'on a de nouveau courbé la tête sous le joug de la réalité, on ne se sent pas la force d'imiter de tels dévouements, du moins on ne peut s'empêcher d'admirer et d'aimer l'homme de bien éloquent qui a été de leur race, modéré jusqu'à la passion, toujours fidèle à lui-même, étranger à toutes les iniquités de l'esprit de parti, unissant la simplicité démocratique des habitudes à la culture la plus élevée de l'esprit, dédaigneux des petites distinctions, ne cherchant ni le bruit ni les honneurs, trouvant sa gloire dans le témoignage de sa conscience, et s'estimant heureux d'avoir pu consacrer sa vie à servir le droit et l'humanité. » *(Vifs applaudissements.)*

Voilà, Messieurs, ce que ce juge excellent (car M. Barboux lui-même, je l'ai dit, est un orateur de premier ordre et un orateur des plus sérieux), voilà ce qu'un tel juge pense de ces bijoux qui s'appellent les *discours populaires* de M. Laboulaye. C'est assez dire que partout ces discours mériteraient d'être placés en pleine lumière. A plus forte raison ici, où vous avez eu le privilège de connaître l'homme et de l'entendre, ici où nous nous trouvons précisément sur le terrain sur lequel, dans ses discours et dans ses conférences, il aimait à se placer de préférence, ces morceaux sont tout particulièrement à leur place. C'est donc sur eux surtout que je voudrais, pour donner la vraie note à cet éloge, arrêter tout particulièrement votre attention; c'est en eux qu'avant de nous séparer, je tiendrais à chercher à la fois et les idées principales, dominantes, qui ont dirigé, qui ont vivifié la carrière de M. Laboulaye, et les traits les plus marques, les plus originaux et les plus personnels de son talent.

II

Mais ce n'est pas, ai-je besoin de le dire? par ces chefs-d'œuvre qu'il a commencé. Ce n'est pas du premier coup, sans hésitation, sans tâtonnements, sans apprentissage, qu'il est arrivé à cette possession si pleine et si aisée d'un prodigieux talent, d'un talent d'autant plus prodigieux qu'il était plus simple. C'est le fruit lentement acquis d'un long labeur, d'une patiente étude, d'une réflexion attentive, d'un art enfin d'autant plus achevé qu'il était plus caché, plus profond et plus réellement naturel. C'est, si je ne me trompe, le résultat suprême d'une existence tout entière consacrée à la fois à la recherche et à la propagation de la vérité; et il n'est pas inutile, pour comprendre l'orateur que vous avez entendu, de jeter un coup d'œil sur cette existence, d'en suivre rapidement le progrès et le développement, et de le voir arriver à faire pour la prose ce que Boileau fit si heureusement faire pour les vers à Racine, lorsque ayant lu les premiers essais du jeune poète : « Il faut apprendre, lui dit-il, à faire difficilement des vers faciles. » C'est-à-dire il faut apprendre à ne reculer, dans la solitude du cabinet, loin des hommes, vis-à-vis de soi-même, devant aucun effort, devant aucune peine, devant aucun sacrifice, pour que, lorsqu'on parait devant les hommes, l'effort disparaisse et la beauté de la perfection obtenue se montre seule à leurs regards et à leurs oreilles. En tout, Messieurs, la loi est la même, et rien, je le répète, de ce qui vaut la peine d'être acquis ne s'acquiert sans peine. C'est à ce travail, à ce travail solitaire, à ce travail persévérant, à cet effort inflexible sur soi-même, qu'ont dû se plier tous ceux qui arrivent non pas à la facilité banale de ces enfileurs de grandes phrases toutes faites, auxquelles se laissent malheureusement prendre les niais, mais à ce grand art d'exposer nettement et clairement des faits et des idées, de défendre utilement des causes justes et de soutenir fortement des convictions réfléchies et sérieuses. Tous ont dû, pendant de longues années, s'appliquer obscurément à forger, à limer, à polir et à aiguiser leurs armes, étudiant, méditant, écrivant, composant et recomposant, changeant tantôt l'ordonnance des arguments, tantôt la forme et le ton; se faisant enfin, à force de de patience, une méthode, une manière, une éloquence à eux, bien à eux, dont ils fussent sûrs. Ainsi a fait, il nous l'enseigne lui-même dans sa rhétorique populaire, Edouard Laboulaye, qui, pendant dix ans (tout comme celui qui vous parait peut-être bien à l'aise en vous parlant de lui), a eu des palpitations chaque fois qu'il avait à ouvrir la bouche ; ainsi ont fait tous les grands avocats de l'ancien barreau de Bordeaux, dont on a conservé les manuscrits ; ainsi a fait Jules Favre, ce roi des improvisateurs, qui pendant quinze ans a écrit toutes ses plaidoieries, et qui a dû à cet opiniâtre scrupule d'arriver à cette sûreté, à cette élégance, à cette limpidité que nous avons connue et admirée. Voila comment ils sont arrivés, ces hommes dont on envie la facilité et dont on devrait imiter le labeur, à être maîtres, absolument maîtres de leurs pensées, parce qu'ils les avaient méditées longtemps dans le silence, avant de les exposer dans le bruit; maîtres de leur langue, parce qu'ils l'avaient, comme Démosthène, assouplie par une patiente et forte gymnastique; capables enfin de dire ce qu'ils voulaient, de ne dire que ce qu'ils voulaient, et de le dire comme ils voulaient, de façon à être compris de toutes les intelligences saines, même des moins cultivées, tout en restant par la clarté, par la correction, par la précision, par la noblesse de l'accent et par l'éclat des sentiments et des images le régal des intelligences les plus cultivées et les plus difficiles. Donnant ainsi, Messieurs, donnant dans le domaine de la parole et de l'art, un bel exemple de cette déférence mutuelle, de ce mutuel respect et de cette fraternité vraie vers lesquels nous devons tendre. Nous tirant, si je puis ainsi parler, tous ensemble et tous en haut par la chaîne d'or de l'éloquence, et peu à peu nous faisant comprendre les mêmes choses, éprouver les mêmes sentiments, palpiter des mêmes enthousiasmes, saisir les mêmes clartés; et, bien que nos esprits et nos cœurs n'aient pas été toujours suffisamment préparés ou préparés de la même façon, applaudir au même moment par des raisons différentes peut-être, mais applaudir de concert, dans un même élan et avec une même passion, les mêmes beautés, les mêmes vérités, les mêmes aspirations, les mêmes résultats et les mêmes espérances du progrès, du travail, de la science et de la raison. (*Vifs applaudissements.*)

III

M. Laboulaye vous a dit lui-même, Messieurs, dans cette première assemblée générale de 1872, que l'on rappelait tout à l'heure, comment il avait commencé sa vie, et aussi, pourquoi ne le rappellerai-je pas? sa politique. Le passage est capital, et vous me saurez gré de le rappeler. « Ma politique, disait-il, je vais vous la dire en deux mots; ma politique, c'est la politique du travail. Pour moi la démocratie n'est pas quelque chose de mystérieux; c'est le règne de ceux qui travaillent, c'est le règne des travailleurs. J'ai commencé ma vie dans un atelier comme patron; je l'ai continuée comme avocat, comme professeur, comme journaliste. Aujourd'hui me voilà député. J'ai beaucoup vu, j'ai beaucoup voyagé, j'ai longtemps réfléchi; et j'en suis arrivé à n'estimer qu'une seule chose : les gens qui travaillent. Pour moi, il n'y a pas de nobles, il n'y a pas de riches, il n'y a pas de pauvres, il n'y a pas de classes privilégiées ou déshéritées. Le monde se divise en gens qui travaillent et en fainéants. Je suis avec les premiers, je méprise les seconds.» (*Bravos.*)

La même déclaration se retrouve ailleurs, dans sa conférence sur la *Jeunesse de Franklin* :

« Il y a cent ans, on parlait de nobles et de bourgeois, on ne parlait pas beaucoup de paysans ni d'ouvriers. Aujourd'hui on parle des paysans et des ouvriers, et on en parle surtout pour dire que les paysans sont des bourgeois comme les autres, quand la terre est à eux; que les ouvriers sont des hommes comme d'autres, capitalistes, quand ils ont le bon esprit d'économiser, artistes, savants; et que par conséquent toutes ces distinctions d'ouvriers et de bourgeois, de paysans, de nobles, doivent disparaître pour n'en laisser subsister qu'une : celle de l'homme qui sait quelque chose et qui travaille, et celle de l'homme qui ne sait rien et qui ne travaille pas. » (*Nouveaux applaudissements.*)

Voilà l'homme; voilà ses idées, et voilà sa vie, s'expliquant l'une par l'autre. Sa théorie et sa pratique marchent d'accord, c'est une de ses originalités. (*Rires.*)

Laboulaye donc a commencé sa vie dans un atelier, notons cela; mais notons aussi qu'avant ce commencement il avait eu une préparation, qui avait consisté à faire d'excellentes études, des études remarquables, exceptionnelles, dont le bénéfice lui a profité, et a profité aux autres, pendant cinquante ans, dans tout ce qu'il a fait. Il a fait son droit, il a été chez l'avoué, il a été avocat; et entre temps, après et avant, il a été, comme il nous l'a appris, fondeur en caractères. Son frère, Charles Laboulaye, savant très distingué lui-même, auteur d'un des plus remarquables dictionnaires de technologie qui existent, le Dictionnaire des Arts et Manufactures, était à la tête d'une fonderie. Il eut besoin de son aide, de son concours; Edouard devint son associé: ils furent pendant un certain temps industriels ensemble, et ce ne furent pas les frères ennemis. (*Rires.*)

Mais, tout en faisant son métier de fondeur, Laboulaye ne se croyait pas, comme beaucoup, sous le prétexte qu'il avait un métier, dispensé de cultiver son esprit, d'étudier, de continuer à étudier. Il se souvenait de ses livres et de ses maîtres, il était et voulait rester un lettré et un érudit; et il suivait avec attention les travaux et les concours de nos académies. Un des sujets le tenta, et en 1839, il avait alors, je crois, vingt-huit ans, il obtenait un prix pour un mémoire sur la Propriété foncière en Occident. Ce mémoire n'était pas seulement l'œuvre d'un homme laborieux, instruit et connaissant bien les textes et les faits; c'était l'œuvre d'un penseur. On y trouvait, très nettement indiquée déjà, cette idée que nous retrouverons partout dans sa vie et dans son enseignement, qu'au-dessus de la loi écrite, à laquelle il faut obéir toujours, même quand on ne l'approuve pas, sauf à essayer de la faire améliorer ou réformer, il y a quelque chose de supérieur qui est le droit; que la loi, en d'autres termes, n'est pas de sa nature infaillible et achevée, puisqu'elle n'est que l'expression plus ou moins heureuse de la façon dont les hommes, à un moment donné, comprennent les rapports des choses et leurs rapports à eux-mêmes;

qu'elle n'est pas dès lors immuable, mais soumise, au contraire, comme l'humanité qui la fait, à une amélioration continue ; qu'il y a, en un mot, ou qu'il doit y avoir, dans les esprits et dans les institutions à leur suite, un mouvement, un progrès. Idée capitale, et nouvelle ailleurs, plus nouvelle encore dans le domaine de la législation, et que plus tard, dans une de ses plus admirables conférences, à laquelle, avant de terminer, je ferai un dernier emprunt, il a merveilleusement exposée. Bref, ce mémoire, de tous points supérieur, enleva tous les suffrages. Et, lorsque, suivant l'usage, le prix étant décerné, on ouvrit l'enveloppe cachetée qui contenait le nom de l'auteur, on lut, non sans étonnement, ce nom absolument inconnu : Edouard Laboulaye, *fondeur en caractères*...... Fondeur en caractères ! ce fut une exclamation générale parmi ces doctes personnages de l'Académie des inscriptions, qui ne voyaient pas bien quel lien pouvait exister entre leur compagnie et l'atelier de leur lauréat. L'un deux, qui a occupé dans l'enseignement du droit une place considérable, l'illustre et excellent Pardessus, se dit : « Qu'est-ce que cela peut bien être que ce fondeur capable de couler d'un jet des œuvres comme celle-là? (*Sourires.*) Il faut que j en aie le cœur net. » Il s'en alla donc, sans rien dire à personne, à l'adresse indiquée : rue Saint-Hyacinthe-Saint-Michel, et demanda si c'était bien là que demeurait M. Laboulaye ; on lui répondit que oui. « Y est-il ? — Oui, monsieur. — Et où cela ? — Dans son jardin. — Fondeur en caractères ? — Oui, monsieur. — Très bien. » Il entre et aperçoit un homme encore jeune. Il va à lui, et l'abordant : « Monsieur, lui dit-il, vous êtes M. Laboulaye ! — Oui, monsieur. — Fondeur en caractères ? (*Rires.*) — Oui, monsieur. — Monsieur, il faut absolument que je vous embrasse. » (*Nouveaux rires.*)

Ce n'était pas pour l'amour du grec cette fois; c'était

pour l'amour du droit; mais c'était toujours pour l'amour de la science.) — « Bien volontiers, monsieur », dit l'autre, « puisque cela vous fait plaisir; mais puis-je vous demander à quoi je puis devoir cet honneur? — Comment, monsieur, à quoi? mais à ce mémoire, à cet admirable mémoire... — Ah! pardon, monsieur, » reprend alors son interlocuteur, arrêtant cet élan d'admiration; « mais ce n'est pas moi qui en suis l'auteur, c'est mon frère. (*Rires.*) Je n'en suis pas moins très heureux d'avoir été embrassé à sa place, et je vous promets de lui reporter fidèlement ce qui lui revient. » (*Explosion de rires et d'applaudissements.*)

Après ce premier succès, M. Laboulaye en mérita bien d'autres. Chacune des années suivantes, pour ainsi dire, fut marquée pour lui par de nouveaux travaux et par de nouvelles distinctions académiques. Ce fut d'abord, si je ne me trompe, un mémoire sur LA CONDITION DES FEMMES, dans lequel se laissaient déjà entrevoir, à l'égard de cette trop adulée et trop sacrifiée moitié de l'espèce humaine, les idées libérales qu'il devait plus tard défendre, avec autant de mesure que de sagesse, contre les entêtements de la routine et contre les exagérations de certaines revendications irréfléchies. Ce fut ensuite un mémoire sur LES LOIS CRIMINELLES DES ROMAINS, dans lequel se sentait, mais sans servitude et avec une tendance, qui devait s'accentuer, à l'élargissement des vues, l'influence de la science allemande et de la grande école de droit historique dont Savigny était le chef. Vers la même époque, avec quelques condisciples et amis, parmi lesquels il faut nommer au premier rang mon excellent maître M. Wolowski, avec M. Fœlix, avec M. Valette, avec M. Pont, il fondait la *Revue de législation française et étrangère*, depuis célèbre, alors bien modeste, dont le bureau de rédaction était le petit appartement de M. Wolowski, et dont la charmante et dévouée Mme Wolowski, comme l'a conté M Levasseur dans une leçon d'ouverture au Conservatoire des Arts-et-Métiers, mettait elle-même les bandes et les adresses et tenait le registre d'abonnement. L'ardeur de Laboulaye, d'ailleurs, semblait infatigable et son autorité ne cessait de grandir. Malgré sa jeunesse, il était regardé comme un des caractères les plus mûrs de l'époque ; et malgré son esprit étincelant on le prenait au sérieux. L'Académie des inscriptions l'avait, dès 1845, admis dans son sein, et sa réputation de publiciste s'affermissait de jour en jour.

C'étaient surtout (je m'en souviens, car j'étais de ceux qui dès ce temps avaient le plaisir de le lire et de l'admirer ; et moi-même, quoique bien jeune, je publiais en 1846 une étude sur la réforme de l'instruction secondaire): c'étaient surtout, Messieurs, les questions de législation, de droit politique et d'enseignement qui le préoccupaient. Et je tiens à le constater, puisque dans les dernières années de sa vie il a été attaqué comme ayant renié d'anciennes convictions, les idées qu'il exprimait alors, et dont j'ai conservé un souvenir très présent, étaient déjà celles que, dans ses discours au Sénat et dans sa brochure de 1880 sur la LIBERTÉ D'ENSEIGNEMENT, il devait soutenir au péril de sa popularité et au prix de bien des déboires. Il est permis de changer d'opinion, Messieurs, quand on le fait sincèrement, par conviction et non par calcul ; et ce serait chose fort triste si, parce qu'à une époque on a agi, parlé ou pensé d'une façon, on était réduit à toujours parler, penser ou agir de la même façon, quelques lumières nouvelles qu'on puisse recevoir de l'expérience ou de la discussion. Mais ceci ne s'applique guère à Laboulaye. Dès ses débuts il s'était posé en partisan déterminé de la liberté d'enseignement ; et dans des études très importantes et très remarquées alors il professait, au point de vue de l'intérêt de la science comme au point de vue du droit, un assez médiocre respect ou tout au moins fort peu de superstition pour les cadres officiels et les programmes fermés, de même que pour les grades, les diplômes et les concours. Il ne méconnaissait pas assurément la valeur de ces moyens d'épreuve comme procédés d'élimination des incapacités ou de constatation d'une certaine dose de connaissances. Mais il ne leur reconnaissait pas du tout la vertu de donner la véritable mesure des capacités et de dégager les supériorités réelles pour les mettre à leur rang. Il leur reprochait de plus de fermer la porte aux tardives vocations, qui ne sont pas toujours les moins sérieuses.

A cet égard, il n'a jamais varié ; j'en ai eu maintes fois la preuve, moi qui ne suis pas non plus de la race de ce qu'il appelait « les gens à diplôme », et qui maintes fois ai eu l'occasion d'apprendre ce qu'il en coûte de ne pas en être. Ceux qui lui ont reproché d'avoir changé ne se sont pas aperçus que c'étaient eux-mêmes qui avaient changé. M. Barboux, que je citais tout à l'heure, a été plus vrai lorsqu'il a dit : « Quand on le voit, *pendant quarante années*, défendre les mêmes principes avec une chaleur et une élévation constantes, combattre sans hésiter les idées régnantes, dédaigner la popularité facile, on trouve juste de le comparer à ces grands Américains qu'il nous a fait connaître et sur lesquels il a écrit de si belles pages. » (*Approbation*).

Messieurs, je ne veux pas rentrer ici, incidemment et insuffisamment, dans ces grands débats, qui ont remué le pays et qui le préoccupent encore. Je ne reprendrai pas devant vous tous les arguments produits, dans un sens analogue, vers la même époque, par un autre de mes maîtres, Bastiat, dans ses pamphlets sur et contre le baccalauréat, ces fourches caudines de l'éducation universitaire sous lesquelles il faut passer pour aspirer à tout et trop souvent pour n'être propre à rien. (*Rires et applaudissements.*)

Je ne reproduirai pas ici non plus les constatations

que faisait récemment, à propos des fêtes de l'Université d'Edimbourg, le savant et éminent recteur de l'Académie de Paris, mon confrère M. Gréard, révélant à l'Institut étonné que les chaires de cette grande Université se donnent à l'élection sans condition aucune de grades et sans concours. Tout cela me mènerait trop loin. Mais je tenais à dire, de peur de laisser échapper l'occasion, pendant que je l'avais au bout de la langue, que l'on n'a pas été toujours juste envers mon illustre prédécesseur, soyons plus francs, que l'on n'est pas toujours juste dans notre pays (et probablement dans d'autres, car nos voisins d'Angleterre ne sont pas moins exposés que nous à ces revirements de l'opinion) à l'égard des hommes qui se permettent de penser par eux-mêmes au lieu d'être les dociles échos des sentiments du jour. Nous changeons, et nous croyons que ce sont les autres qui ont changé. Nous tournons le dos à nos idoles de la veille, et nous reprochons à ceux qui ne les couvrent pas de boue d'être des apostats. Nous montons, sans savoir toujours où il mène, dans le premier train qui passe, et nous nous étonnons du peu d'aplomb des arbres devant lesquels il nous entraîne. A cet égard, qu'il me soit permis de le dire, ou plutôt de le répéter, nous avons, pour le développement et l'affermissement des mœurs démocratiques, un apprentissage à faire. Nous avons à apprendre à supporter la contradiction, sans laquelle il n'y a pas de lumière, et à pratiquer le respect des adversaires, quand ils sont sincères, sans lequel il n'y a pas de liberté. Nous ne sommes pas infaillibles, et nous n'avons pas le droit de regarder un homme comme un misérable, indigne de toute considération, parce qu'il n'est pas de notre avis, pas même, si vous voulez, parce qu'il se trompe, fût-ce grossièrement. La seule chose vraiment blâmable, et il ne faut pas la supposer légèrement, c'est le défaut de sincérité. Mais quand un homme a fait ses preuves, quand il a travaillé pour la vérité, quand avec cela il est, par l'étendue de ses connaissances et la portée de son intelligence, une des grandes figures du pays, nous pouvons penser qu'il se trompe, nous pouvons le réfuter et le combattre ; nous ne pouvons pas, sans nous faire tort à nous-mêmes, lui prodiguer l'injure : nous ne pouvons pas, après l'avoir porté aux nues et au-dessus des nues peut-être la veille, le traîner sur la claie le lendemain ; nous ne pouvons pas, sans porter atteinte à la grandeur même de la nation, sans abdiquer une partie de son patrimoine intellectuel et moral, répudier ses gloires et flétrir ses illustrations. On appelle cela, vous le savez, tirer sur les siens. Nous l'avons trop fait jusqu'ici, ne le faisons plus ; et ne laissons pas, à ceux qui croient avoir intérêt à le dire, le droit de soutenir que la démocratie est incapable de reconnaissance et de respect, et qu'elle ne sait que dénigrer et détruire. (*Bravos et applaudissements.*)

Ce que je vous dis là, Messieurs, Laboulaye, et c'est un de ses mérites, n'a cessé, autant qu'il a dépendu de lui, de l'enseigner par la parole et par l'exemple. Et, puisque je me suis laissé (je ne m'en repens pas) aller à ces réflexions, je suis heureux de constater, comme je l'ai déjà pu faire ailleurs, que c'est un hommage que lui a rendu, et dans des termes dont vous me permettrez de reproduire quelques-uns, l'homme même dont, à propos de ces derniers débats, il avait été le principal adversaire et contre les idées duquel il avait écrit la brochure que je mentionnais tout à l'heure : LA LIBERTÉ D'ENSEIGNEMENT. J'ai nommé M. Jules Ferry. Après avoir heureusement rappelé « la part active, et à un moment prédominante, que M. Laboulaye avait prise sous l'empire aux luttes de la liberté » ; après avoir dit « ce qu'il fit en ce temps-là pour discipliner, organiser le parti libéral renaissant, ce qu'il fit quelques années plus tard pour fonder dans ce pays la république constitutionnelle et parlementaire », M. Jules Ferry, s'adressant au Conseil de l'Instruction publique, ajoutait : « Au conseil supérieur, comme dans l'Université qu'il a servie, aimée, honorée pendant quarante ans, M. Laboulaye tenait une place considérable. L'autorité dont il jouissait parmi vous ne s'étendait pas seulement aux esprits qui suivaient sa direction ; elle était sincèrement et respectueusement sentie et reconnue par ceux-là même qui s'y dérobaient en quelque sorte malgré eux. Si élevé était son caractère, si pleine de charme était sa parole, et à travers la simplicité bienveillante de toute sa personne éclatait si généreusement la foi robuste qui l'animait, que les plus vifs désaccords laissaient intactes la déférence et la sympathie. Cette foi, cette passion était celle de la science et de la liberté... sa mémoire ne périra pas.» (*Applaudissements.*)

Voilà, Messieurs, un hommage qui honore celui qui l'a rendu comme celui à qui il a été rendu. (*Nouvelle approbation.*) Mais je reviens.

A cette époque donc, à l'époque où je l'ai laissé, c'est-à-dire vers la fin du règne du roi Louis-Philippe, le jeune et grave Laboulaye s'occupait avec supériorité de droit et d'instruction, et il commençait à compter non plus parmi les plus brillantes espérances de la science seulement, mais parmi les maîtres, parmi ceux qu'a consacrés le suffrage de leurs pairs, puisque dès 1845, je l'ai dit, il avait été mis en possession de ce titre de membre de l'Institut, que ceux qui le possèdent considèrent avec raison comme la plus haute des distinctions permises à un homme d'étude et dont ceux qui ne le possèdent pas parlent quelquefois (font-ils mieux que de se plaindre ?) comme des raisins de la fable. (*Rires.*) L'habit à palmes est trop vert tant qu'on ne le voit que sur le dos des autres; mais on lui trouve très bon air quand on a le droit de le mettre sur le sien. (*Nouveaux rires, applaudissements.*)

III

La révolution de 1848 le surprit, ou plutôt le trouva (car elle ne surprit guère, si j'ai bonne mémoire, les esprits clairvoyants) au milieu de ces travaux et en possession, non pas seulement en France, mais au dehors, d'une situation considérable et d'une notoriété imposante. Elle le trouva s'étant fait déjà, par ses études et ses réflexions, des idées très arrêtées, et je crois, puisque je les partage, très justes *(Sourires)*, sur les conditions fondamentales de l'existence d'un régime libre. Il était notamment très convaincu, et sur ce point il est resté inébranlable, de la nécessité de deux Chambres dans tout gouvernement constitutionnel, dans tout gouvernement républicain surtout. Hors de là, suivant lui, l'histoire démontre qu'il n'y a que des variétés de despotisme. Dans ce sentiment, il crut devoir publier des *Observations sur la Constitution* (je me rappelle les avoir remarquées). Elles eurent un assez grand retentissement ; et, non content de les adresser au public, l'auteur les adressa spécialement au général Cavaignac, qui était alors à la tête de la République. Il appelait respectueusement son attention sur la nécessité de donner à la France, « avec l'aide de ses législateurs, une Constitution durable, une Constitution vraiment libre, *vraiment républicaine* ». Et lui montrant comment « les solutions de Washington, adoptées par ses contemporains, ont fait la grandeur de l'Amérique, le mettant en garde contre les entraînements de ceux qui, « dédaignant une voie sûre et frayée, *menaient la France vers un abîme où resterait la liberté* », il le conjurait de réfléchir « sur la responsabilité que l'histoire ferait peser sur sa tête, si, sous le nom de république, il ne donnait à sa patrie que le despotisme d'une Assemblée sans contrepoids... Quand le pays est à la merci des flots, comme un navire désemparé », ajoutait-il avec une triste et noble fierté, « chacun a le droit sinon de se mêler à la manœuvre, du moins d'indiquer ce qu'il croit le nord : c'est à ce titre, général, que je vous adresse mon opinion. C'est celle » (notez ces paroles, Messieurs, elles peignent un homme) « d'un républicain du lendemain, mais d'un démocrate de la veille, et qui croit ne le céder à personne pour l'amour qu'il porte à son pays ». *(Applaudissements.)*

Peu de temps après, il était appelé à occuper, au Collège de France, la chaire de législation comparée, et, trouvant dans cette étude l'occasion d'exposer les idées qui lui étaient chères, il prenait pour premier sujet de son enseignement l'histoire des origines et des débuts de cette grande république des Etats-Unis, dont la prospérité depuis sa fondation n'avait pas encore reçu alors une seule atteinte sérieuse, et qui, vingt-cinq ans plus tard, secouée par la guerre civile, devait sortir vivante et triomphante de cette terrible épreuve. « Nommé professeur », a-t-il dit lui-même en publiant ses leçons, « mon devoir était écrit. C'était de faire connaître l'Amérique à la France et de lui demander des exemples et des secours *pour l'orage qui approchait.* »

De cet enseignement, suivi par un public d'abord peu nombreux, mais sérieux et attentif, plus tard pressé et enthousiaste comme un troupeau de fidèles attiré peu à peu et retenu par la science et le talent du maître, sont sortis les trois volumes intitulés *Histoire politique des Etats-Unis*, dont le premier, l'*Histoire des Colonies*, avec cette épigraphe de Voltaire : « *God and liberty*, Dieu et la liberté », jette un jour si curieux et si intéressant sur les causes de la naissance de ces colonies comme sur celles de leur développement et des succès de la guerre de l'indépendance. Ces causes, Laboulaye les trouvait surtout dans les fortes convictions religieuses et dans les principes libéraux qui, après avoir poussé hors d'une patrie qui ne les respectait pas assez les premiers colons, avaient guidé leur conduite et soutenu leurs travaux sur le sol nouveau où ils étaient venus chercher l'indépendance. C'est, comme il le démontre en remontant aux origines et prenant au berceau chaque futur Etat, parce que ces hommes avaient, avant tout, le respect de la liberté personnelle sous toutes ses formes, et par suite le respect de la propriété individuelle et le respect de l'indépendance communale; parce qu'ils voulaient et savaient faire leur sort eux-mêmes et s'administrer eux-mêmes; parce qu'ils acceptaient avec toutes ses charges et toutes ses conséquences, en un mot, la responsabilité de leurs actes; qu'ils ont vécu, qu'ils ont grandi, qu'ils ont prospéré et qu'ils ont, le moment venu, donné au monde l'exemple de dignité, de force et de sagesse qu'ils lui ont donné et qu'ils continuent à lui donner. Ils ont montré à la fois et comment on fonde des colonies, je veux dire comment des colonies se fondent, par la naturelle expansion de ceux qui les fondent; et comment on fonde une nation, je veux dire comment une nation se fonde, par des institutions protectrices de la liberté et par des mœurs respectueuses de la liberté. « Le besoin et la certitude de se gouverner soi-même, d'être maître absolu de son travail et de sa vie, voilà », dit Laboulaye, « les deux conditions de succès pour toute entreprise humaine. C'est dans l'extrême liberté et dans l'extrême responsabilité qu'on trouve l'énergie qui fonde les colonies. Ce sont les deux seules forces », ajoute-t-il en faisant un retour mélancolique de ce côté de l'Atlantique, « dont jusqu'à présent nous n'ayons pas su nous servir. » Voilà pour le succès des débuts. Et ce qui explique les commencements explique la suite. La Constitution américaine, quelque illustres qu'aient été quelques-uns de ses auteurs ou de ses parrains (produits eux-mêmes, d'ailleurs, dans une large mesure, du milieu social dans lequel ils s'étaient formés), n'a pas été, comme les combinaisons laborieuses d'un abbé Sieyès, une plus ou moins heureuse improvisation de quelques sages et de quelques politiques. Elle est née des entrailles mêmes de la société pour laquelle et par laquelle elle a été faite. Elle a été la reconnaissance et la consécration de ce qu'il y avait de meilleur et de plus profond dans les habitudes et dans les traditions de cette société. «Ces principes, qui font la substance même de la constitution américaine et que nous avons tant de peine à implanter en France, le gouvernement parlementaire, le vote de l'impôt, le jury, la milice, la liberté civile, religieuse, administrative, étaient depuis longtemps des privilèges incontestés, des droits acquis, quand les fondateurs de l'Union, réunissant ces libertés, les déposèrent toutes ensemble dans l'arche sainte de la Constitution. » (*Approbation.*)

Et je le répète (c'est un point sur lequel il faut insister; car, bien qu'il fût un esprit très libre, peut-être parce qu'il était un esprit très libre, Laboulaye était, comme Franklin son modèle, un esprit très religieux), c'est en grande partie par la puissance du sentiment religieux que ces éléments premiers de la grandeur privée et de la grandeur publique ont été conservés et fécondés. Laboulaye fait à ce sujet, et non sans raison, une place d'honneur à cette secte, à certains égards étrange, à tant d'autres admirable, des quakers, de ces honnêtes fanatiques (je prends le mot en bonne part), qui prennent à la lettre, et peut-être audelà de la lettre (*Sourires*), les préceptes les plus austères et les plus difficiles de l'Evangile, et qui, inébranlables dans ce qui est leur conviction, inflexibles dans ce qui leur paraît leur droit, mais sans défaillance dans ce qui est le droit des autres; fidèles aux hommes comme fidèles à Dieu, et aimant leur prochain, même le plus éloigné, comme eux-mêmes; ont fait pénétrer dans les sociétés dans lesquelles ils ont été suffisamment nombreux des habitudes de moralité, de probité, de devoir, de travail et de bienfaisance : de ce travail intelligent et heureux par lequel on s'enrichit, et de cette bienfaisance intelligente et efficace par laquelle on fait tourner au bien général les forces et les ressources acquises par le travail heureux. Semblables, si je puis ainsi parler, au levain dont ils trouvent l'exemple dans l'Evangile, et qui, après avoir fermenté lui-même, fait fermenter toute la pâte (*donec fermentatum est totum*). Voltaire, dans son *Dictionnaire philosophique*, sans quitter tout à fait « ce masque sardonique qui presque toujours », dit Laboulaye, « cache une âme passionnée pour la tolérance et pour la liberté », a rendu hommage à ces simples et fortes vertus, comme il avait rendu, avec une émotion profonde, hommage à la grandeur de saint Louis : « J'aime les Quakers », dit-il. « Oui, si la mer ne me faisait pas un mal insupportable, c'est dans ton sein, ô Pensylvanie, que j'irais finir le reste de ma carrière,... s'il y a du reste ». (*Sourires.*) Et il fait un tableau charmant de ce pays « où l'on ne peut faire de mal à personne et personne ne peut vous en faire ». Et voici comment lui-même, Laboulaye, dans un de ses discours pour l'*abolition de l'esclavage*, en 1867 (car il y avait encore des esclaves en 1867, il y en a encore en 1884), reprend le même éloge. Je crois pouvoir dire que c'est un peu sa profession de foi, morale tout au moins, qu'il fait dans cette page :

« Les premiers qui ont eu l'honneur de flétrir la traite, ce sont les chrétiens dissidents que nous appelons en France les Quakers, quoique ce mot, à vrai dire, soit tout autre chose qu'un terme d'éloge, et qui s'appellent entre eux, de leur nom véritable, *les Amis*, les amis de l'humanité.

» Les Quakers, j'aime à leur rendre cette justice, ont, dès l'origine, soutenu quatre choses, défendu quatre principes qui aujourd'hui pour quelques-uns d'entre nous sont une vieillerie, pour d'autres sont encore une nouveauté.

» A une époque où l'on se croyait autorisé à s'égorger mutuellement sous prétexte de religion, les premiers ils ont demandé la liberté religieuse ; ils n'ont pas seulement réclamé la tolérance pour ceux qui ne pensaient pas comme eux ; ils ont demandé la liberté, le droit reconnu à chacun d'adorer Dieu comme il l'entendait. Les premiers ils ont demandé la paix universelle ; les premiers ils ont déclaré qu'ils ne comprenaient pas que des hommes, et surtout des chrétiens, pussent s'entr'égorger. Les premiers ils ont demandé l'abolition de l'esclavage; et les premiers aussi ils ont demandé qu'on donnât aux hommes et aux femmes des droits égaux. Les premiers ils ont proclamé ce principe que, si l'homme et la femme avaient des devoirs différents, ils avaient des droits semblables; qu'il fallait commencer par reconnaître l'égalité des droits et laisser ensuite la nature jouer son rôle et établir la différence des devoirs.

» Voilà ce qu'ont fait les Quakers.

» Quand on a engagé contre les préjugés et en faveur de l'humanité une partie en quatre points aussi considérable, et qu'on en a déjà gagné deux, la liberté religieuse et l'abolition de l'esclavage, il est permis de croire qu'on ne s'est pas trompé et qu'on aura le reste de la partie. »

Je ne puis malheureusement prolonger la citation, et suivre l'orateur dans le récit émouvant et charmant des efforts au prix desquels ont été obtenus ces premiers et admirables succès des Quakers; vous montrer notamment, à côté de notre compatriote Montesquieu (qui n'était pas Quaker, mais qui était humain), un autre Français moins connu, Bénézet, qui passait sa vie en Amérique à écrire contre l'esclavage, éveillant à son insu, en Angleterre, par la lecture d'un de ses écrits, le zèle de Clarkson; et les Wilberforce, les Romilly, les Sturdge, venant à la suite verser dans l'âme de la nation anglaise l'horreur du crime auquel, comme les autres, elle avait trop longtemps participé. Mais je puis dire, et je tiens à le faire, en ajoutant aux quatre points ci-dessus du *Credo* des Quakers l'abolition de la peine de mort, forme de l'inviolabilité de la vie humaine, que c'est par les hommes qui, comme ceux-ci et comme ceux qui, à l'exemple de Laboulaye, mettent au service de telles idées le talent, l'influence et l'autorité de leur personne, que se fait le véritable progrès, le progrès durable et sans retours amers. C'est par là que se forme, trop lentement, hélas ! ce que nous appelons la civilisation moderne ; et que peu à peu nous nous dégageons de cette barbarie primitive par laquelle nous avons commencé et dont nous aurions tort, quelles que soient les merveilles du temps présent, de nous croire encore complètement affranchis. (*Très bien.*)

IV

Ces idées, Messieurs, je le répète, ce sont celles que professait Laboulaye et ce sont celles que dans son cours, puisque c'est à propos de son cours que je me suis laissé aller à cette digression, il s'efforçait de mettre en lumière. Il étudiait, avec une sagacité admirable, l'histoire particulière de chacune des colonies et, chemin faisant, à la lueur de l'expérience, il mettait en leur plein jour les grands principes de la vie des sociétés, ou résolvait, comme en se jouant, avec autant de netteté que de grâce, quelques-uns de ces problèmes économiques sur lesquels on entasse en vain l'ennui de tant de gros volumes et la violence de tant de déclamations. S'agit-il, par exemple, du communisme, au lieu de disserter, il nous le montre en action et nous en fait voir les résultats. Ce sont les colons de la Virginie, qui, sous l'influence de leur idéal absolu de fraternité religieuse, désireux d'imiter, dans un pays neuf, ce que les *Actes des apôtres* rapportent de la vie en commun des premiers chrétiens, campés d'ailleurs plutôt qu'établis sur un sol menacé par les invasions indiennes, ne partagent point ce sol. « On défricha, on cultiva, on récolta en commun. Le produit fut recueilli dans un grenier public ; et chaque semaine on faisait la distribution aux familles, suivant le nombre et les besoins des membres qui les composaient. Cet essai fut désastreux : point de goût, point d'ardeur pour un travail qui ne portait point avec soi de récompense ; personne ne voulut prendre de peine, craignant qu'un excès de labeur de son côté ne favorisât d'autant la paresse et l'inertie d'un voisin. » Les choses ne changèrent que « le jour où un gouverneur plus avisé fit donner à chaque colon un lot de terre particulier... Chacun, » dit le vieil historien Beverly, « étant instruit de ce qui lui appartenait en propre, et assuré que son travail tournerait à son profit, plusieurs devinrent fort industrieux, et l'on tâcha de se surpasser les uns les autres en bâtiments, en plantations ou autres commodités de la vie. On ne craignit plus aucun danger de la part des Indiens. On fit de grosses donations à l'église, au collège, et pour élever les enfants des Indiens à l'école. Bref, nos gens commencèrent alors à s'imaginer qu'ils étaient le plus heureux peuple du monde. » (*Mouvement.*)

Voilà la leçon de l'histoire, sans réplique et toujours la même. De nos jours, le maréchal Bugeaud, qui était agriculteur en même temps que soldat, et qui avait emprunté à cette double profession sa devise : « *Ense et aratro*, par l'épée et par la charrue, » voulut, en souvenir peut-être des romains, fonder en Algérie des colonies militaires agricoles; il les établit, à l'image du régiment, qui est une famille, mais une famille soumise à la loi de fer de la discipline, sur le principe du travail et du profit en commun. Il ne fut pas longtemps à constater que le résultat était peu satisfaisant. Ses soldats laboureurs ne labouraient guère et n'en consommaient que plus. Et comme il en faisait l'observation à l'un d'eux, qu'il avait connu énergique et dur à l'ouvrage : « Dame, mon général, » répondit celui-ci, « je ne dis pas. Mais quand on ne sait pas pour qui on travaille, vous comprenez, on n'a pas beaucoup de cœur à l'ouvrage. Donnez-moi mon petit coin de champ à moi, et vous verrez si je n'en fais pas trois fois autant. » C'est la nature, Messieurs, et c'est M. Proudhon qui l'a dit, sous une forme plus rude : « On peut aimer son prochain jusqu'à mourir pour lui, on ne l'aime pas jusqu'à travailler toute sa vie pour lui. (*Rires.*)

Dans un autre passage, c'est la théorie de la monnaie que Laboulaye nous fait, en quelques lignes, saisir sur le fait. Voyez avec quel agrément : « L'usage du tabac, dit-il, avait été introduit en Europe par les aventuriers de la première expédition de Raleigh. » Peu à peu il s'était généralisé, et « la demande de cette plante était devenue si grande que les colons n'y pouvaient suffire... Les rues, les places de Jamestown étaient plantées en tabac, et les colons manquèrent plus d'une fois de mourir de faim faute d'avoir cultivé le grain nécessaire à leur subsistance. Ce fut longtemps la seule production et la seule exportation de la Virginie ; et comme l'argent était rare, ainsi qu'il arrive dans les pays nouveaux, le tabac devint la monnaie courante, la mesure commune des valeurs dans la colonie. Les ministres des cultes, les fonctionnaires publics étaient payés en tabac. » (*Rires.*) Cela durait encore en 1758. De même, lorsqu'en 1620, pour combler un déficit qui commençait à menacer l'existence de la Colonie, la compagnie propriétaire crut devoir y expédier une cargaison de femmes recrutées à leur intention en Angleterre, « ce fut au prix de cent vingt ou cent cinquante livres de tabac », considérées comme le remboursement des frais faits pour ce transport, que les émigrants durent acheter le droit de les épouser. « L'année d'après, le prix avait doublé, » ce qui semble indiquer que la marchandise était appréciée. (*Rires.*) « La Virginie, nous dit à ce propos le professeur, nous donne ainsi dans son histoire la démonstration d'une des vérités les plus vieilles de l'économie politique, vérité qu'on a singulièrement méconnue : c'est que l'argent ou la monnaie n'est rien de plus que le tabac ; c'est-à-dire un simple moyen d'échange, et non pas la richesse, une marchandise qui hausse et baisse comme les autres. Tout subordonner à sa possession, comme on le faisait dans le fameux système de la balance du commerce ; ou vouloir l'exclure du marché pour supprimer l'intérêt du capital, comme on le demandait naguère, c'est donc poursuivre une double chimère.»

Cette *Histoire des Etats-Unis* abonde en leçons de ce genre (je voudrais en citer d'avantage, mais comment faire ?), toutes tirées des faits, de faits déjà connus parfois, mais toujours rajeunis tantôt par des détails piquants, tantôt par l'aspect nouveau sous lequel ils sont présentés. Lisez par exemple, si vous en avez le loisir, les pages consacrées au système colonial de l'Angleterre et à cet *Acte de navigation*, édicté par Cromwell, en 1651, qui réservait si exclusivement aux navires anglais le privilège du commerce avec les colonies et le reste du monde; et vous verrez ce qu'il faut penser de ce régime d'exploitation à outrance et de la politique étroite et fausse qui l'avait inspiré. Le professeur ne fait pas de grandes phrases; il indique des résultats et il cite des auteurs. Il montre le parlement anglais, trop docile aux prétentions égoïstes des marchands anglais, « défendant à l'Amérique non seulement de fabriquer les articles qui auraient pu faire concurrence aux produits anglais sur le marché étranger, mais encore de se fournir elle-même, par son propre travail, les produits nécessaires à la consommation locale. » Il reproduit la supplique adressée à cette occasion, en 1671, au roi d'Angleterre, par le gouverneur de la Virginie, Berkely; et les étranges constatations faites, en 1700, par l'historien que j'ai déjà nommé, Beverly. Comme par suite des lois de monopole, dit ce vieil auteur, « on reçoit d'Angleterre tout ce qui sert à s'habiller, les toiles, les étoffes de laine et de soie, les chapeaux et le cuir, » il est inutile de perdre son temps à cultiver « le lin et le chanvre. Les brebis... portent une excellente toison, mais on ne les tond que pour les rafraîchir... Les mûriers sont négligés ainsi que les vers à soie. Les peaux pourrissent, ou ne servent qu'à couvrir quelques denrées sèches dans les maisons un peu délabrées. Malgré les vastes forêts qui couvrent le pays, on y fait venir d'Angleterre des meubles, des tables, des chaises, des coffres, des tabourets, des caisses, des roues de charrette, en un mot toutes sortes d'ustensiles de bois, et qui pis est, des balais de bouleau, ce qu'on aura peine à croire. » (*Rires.*)

Voilà à quoi ce système d'exploitation des colonies par la métropole, qui pendant longtemps a été plus ou moins pratiqué par toutes les nations, et qui n'est pas encore, à l'heure qu'il est, entièrement tombé dans le passé, avait réduit ces premiers Etats de l'Amérique du nord. C'est la logique du monopole. Mais les effets sortent de la cause, et le châtiment suit l'erreur. « L'acte de navigation », dit Laboulaye, «eut pour conséquence obligée l'indépendance de l'Amérique. » C'est en abusant de sa force que l'Angleterre perdit son influence sur les colonies. C'est en poussant jusqu'à l'absurde ses prétentions à leur égard, en les opprimant pour les pressurer, qu'elle fit enfin éclater cette résistance passive, ce refus de recevoir les marchandises anglaises, dont un des traits les plus caractéristiques fut la submersion d'une cargaison de thé : puis cette lutte énergique pour l'indépendance, au début de laquelle ce généreux et héroïque jeune homme qui s'appelait le marquis de la Fayette, et avec lui une élite de Français libéraux, quoique nobles, ont prêté un si utile appui, par leur assistance personnelle d'abord, ensuite en entraînant derrière eux l'opinion publique. Lutte inégale, soulèvement sans avenir en apparence, que le grand Washington, par ses talents de général et d'homme d'Etat, sut élever à la hauteur d'une grande guerre nationale, et dont Franklin, par son patriotisme, par son habileté, par l'autorité de son caractère et par sa fine bonhomie, arriva à rendre le succès définitif en obtenant la reconnaissance et le secours de la France pour cette république naissante des États-Unis, notre filleule alors, notre marraine depuis. Elle n'a jamais oublié, cette grande république, qu'elle nous doit beaucoup ; de notre côté nous ne devons pas oublier non plus, malgré ce que peut-être nous pouvons trouver à redire à sa politique commerciale depuis un certain nombre d'années, que nous lui devons beaucoup aussi. Elle nous a donné l'exemple en bien des choses; et nous avons encore, n'en déplaise à notre vanité nationale, beaucoup à apprendre d'elle. (*Applaudissements.*)

C'est, Messieurs, parce que tel était l'avis de Laboulaye, qu'à cette époque, et depuis cette époque jusqu'à la fin, il s'attacha, avec une persistance dont on lui fit un grief parfois et dont il riait à l'occasion lui-même, à nous présenter toujours comme objectif la liberté américaine. Il n'en parla que trois ans au Collège de France. (*Rires.*) Après quoi, dans la même pensée et dans le même esprit, il entreprit l'étude des lois de la Révolution française ; puis celle de l'œuvre capitale de notre célèbre Montesquieu, l'*Esprit des lois*; et il publia avec ses appréciations les œuvres d'un autre grand publiciste politique, le fameux Benjamin Constant. Mais ailleurs, et sous mille formes, discours, conférences, articles de journaux, livres même, témoin ce *Paris en Amérique* qui fit tant de bruit voici bientôt vingt ans, c'était toujours à l'Amérique qu'il revenait. « Voici M. Laboulaye qui se lève », fait-il dire lui-même, en commençant son discours sur Horace Mann, à l'un de ses auditeurs ; « il va nous parler de l'Amérique tout le temps. Ce personnage indiscret, ajoute-t-il, ne se trompait que de moitié. » (*Rires.*) Il en parlait, en tout cas, fort bien et en parfaite connaissance de cause, quoiqu'il n'y fût jamais allé. C'était, comme on l'a dit, le plus Américain des Français ou le plus Français des Américains. En cette qualité il était devenu, grâce à la souplesse de ses facultés et à sa merveilleuse activité, ce que les Américains appellent (je crois que l'expression ne lui déplairait pas, s'il était présent) un homme à tout faire (tout ce qui est bon à faire, s'entend). Journaliste tour à tour sérieux et léger, traitant à la troisième page du *Journal des Débats* les plus graves questions d'histoire, de philologie ou de philosophie, et au bas de la première écrivant des histoires pour les enfants ou des récits charmants de ses voyages, il trouvait le temps, sans négliger ses devoirs de professeur, de traduire des contes de fées et des chansons populaires de toutes les langues. Il composait des romans touchants comme *Abdallah*, cette vie héroïque d'un Bédouin modèle de probité, d'honnêteté, de dévouement, de religion vraie, qui était son œuvre de prédilection et qu'il faut lire et relire pour comprendre toute l'élévation et toute la tendresse de son âme ; ou des pamphlets (il faut bien appeler les choses par leur nom), comme ce *Paris en Amérique*, que je viens de nommer, dont l'ironie est si délicate et si aimable, ou comme le *Prince caniche*, improvisation plus rapide et d'un comique plus gros, mais d'une non moindre portée au fond et d'un effet parfois bien saisissant ! Quelle amusante caricature de la centralisation, « que l'Europe nous envie » (*Rires*) que le système d'immatriculation universelle du ministre Touche à tout ; et quelle sanglante satire de l'éloquence officielle et des convictions de commande que les discours de l'avocat du gouvernement Pie-borgne, plaidant indifférem ment, avec le même entrain et avec le même succès, le pour et le contre, et n'ayant pas même besoin, pour adapter ses arguments à une cause, d'en connaître le fond et de savoir quelle est la mesure pour ou contre laquelle il a à parler ! Quelle émouvante peinture, enfin, des horreurs de la guerre et de la légèreté avec laquelle les peuples, pauvre foule sans nom, sont sacrifiés aux caprices, aux fantaisies ou aux ambitions de leurs aveugles conducteurs, que cette bataille de Necedad sur le terrain de laquelle, pendant qu'on l'acclame comme victorieux, le malheureux souverain, changé en chien, contemple son œuvre et entend les malédictions de ses victimes. (*Applaudissements*). Que de rois, là où il y a encore des rois, et que de ministres, là où il y a des ministres (et où n'y en a-t-il pas ?), auraient besoin de se voir ainsi, pour leur instruction et pour le bonheur de leurs administrés, changés de temps en temps en bêtes ! (*Rires.*) Cela leur élargirait l'esprit (*Nouveaux rires*) et cela leur relèverait le cœur. (*Applaudissements.*)

V

Voilà bien des travaux, Messieurs. Ce n'était cependant, vous le savez, qu'une partie de la tâche que s'imposait votre ancien président d'honneur ; et s'il écrivait beaucoup, il ne parlait pas moins : ce qui ne veut pas dire qu'il n'en pensait pas davantage. (*Hilarité.*)

Il y avait alors, en effet, un grand rôle à remplir par la parole. On essayait chez nous du droit de réunion ; et ce droit, il fallait non seulement s'en servir (les droits ne valent que par l'usage qu'on en fait), mais s'en bien servir. Il fallait en diriger, en protéger, en populariser, par le talent, par l'autorité personnelle, par la sagesse et par la modération, les premières et difficiles manifestations. Il fallait donner à cette forme nouvelle de la discussion et de la critique la bonne renommée dont elle avait grand besoin ; et ce n'était pas trop pour cela du concours de tous les honnêtes gens, qui ne le comprirent pas toujours assez, hélas ! J'en sais quelque chose ; car quels reproches n'ai-je pas encourus, de la part de mes meilleurs amis parfois, pour avoir été de ceux qui ne jugeaient pas inutile d'opposer un peu de science à l'ignorance et un peu de bon sens aux sottises ! Ces reproches, ou ces éloges, personne ne les a mérités plus que Laboulaye ; car personne plus que lui, et plus sciemment que lui, n'a travaillé à acclimater parmi nous cette liberté nouvelle. « La liberté est un outil admirable », disait-il dans une première séance, le 10 janvier 1869 ; « mais de cet outil, comme de tous les autres, il faut savoir se servir : car pour faire un métier on n'a encore trouvé qu'un moyen, c'est de l'apprendre. En forgeant, dit un vieux proverbe, on devient forgeron ; on apprend la pratique de la liberté en la pratiquant, on reçoit l'éducation de la liberté en vivant; c'est ainsi que la liberté, l'espérance de quelques-uns, la terreur de quelques autres, devient, quand on la voit de près, le bien de tous. » Et un peu plus loin : « Le droit de réunion est une des plus précieuses de toutes ces libertés, parmi lesquelles il ne faut pas choisir. C'est une liberté sociale. Les autres profitent à l'individu; elles défendent sa propriété, sa personne, sa conscience : le droit de réunion enseigne aux hommes à se connaître, à se supporter, à se soutenir les uns les autres. Quand on se voit de près, on est tout étonné de voir disparaître les haines et les jalousies. On dit. « Quoi! c'est là cet homme terrible, ce buveur de sang! » Mais c'est un père de famille excellent, et c'est peut-être » un meilleur mari que moi ». (*Rires.*) Et montrant quel parti, dans d'autres pays moins timorés que le nôtre, on savait depuis longtemps tirer de cette ressource encore si nouvelle pour nous : « Si les maires de Paris sont intelligents », disait-il (il pensait par avance au vôtre), « l'année prochaine vous aurez une foule de réunions provoquées par eux, où ils vous présenteront les orateurs les plus capables et où ils tendront la main pour les pauvres : ils auront raison; et je serai tout prêt à parler pour eux, je les en avertis ». (*Applaudissements.*) Quelques jours plus tard, le 24 du même mois, dans son admirable conférence sur *le progrès*, il revenait sur la même idée; et prenant agréablement texte des scrupules du directeur de la salle Valentino, qui avait refusé de la relouer après y avoir entendu Jules Favre et lui : « Nous avons une très mauvaise réputation », disait-il, « si mauvaise que nous avons effarouché jusqu'à la pudeur d'un propriétaire de bals masqués... Eh bien, que ces dames nous entendent; qu'elles rétablissent notre réputation; qu'elles sachent que nous sommes d'honnêtes gens, des pères de famille, qui tâchons uniquement de répandre l'instruction et le bien-être. On peut nous railler; cela ne fait pas de mal en France : nous serons les premiers à rire de ce qu'on dira de nous. On peut nous dire des injures; il paraît qu'il y a des gens à Paris, qui vivent de ce métier-là; mais nous ne haïssons personne, ou plutôt nous n'avons que deux ennemis : l'ignorance et la misère, ces éternels tyrans de l'humanité qui ont engendré les autres ». (*Très bien.*) Dans une autre circonstance, quinze jours plus tard, présidant une réunion dans laquelle je devais parler des *maux de la guerre*, et touchant lui-même le sujet avant moi, avec cet art consommé qui émerveille si justement M. Barboux, voici en quels termes il exprimait les mêmes pensées : « Le premier devoir d'un citoyen, c'est de demander la liberté quand il ne l'a pas. Son second devoir, c'est d'en user quand il l'a, et de ne pas laisser croire qu'il s'est contenté d'une vaine opposition. Son troisième devoir, c'est de ne pas abuser du droit qu'on lui a rendu. C'est de cette façon qu'on désarme les ennemis de la liberté; qu'on fait l'éducation de ces amis scrupuleux qui ont toujours peur; et qu'en peu de temps on arrive à faire passer dans les mœurs les idées que nous essayerons d'y faire pénétrer aujourd'hui ». (*Approbation.*)

Et quand il s'exprimait ainsi, Messieurs, Laboulaye ne disait pas seulement ce qu'il se proposait de faire et ce qu'il conseillait de faire, il disait ce qu'il avait fait et ce qu'il ne cessait de faire depuis des années. Car c'était à lui, autant qu'à aucun autre peut-être (à lui et à M. Jules Simon, qu'il serait injuste d'oublier, un peu aussi à celui qui vous parle et qui s'honore d'avoir suivi leurs traces), qu'était due en majeure partie cette restitution de la liberté de la parole. Il l'avait, selon sa formule, pratiquée avant d'en faire la théorie, et conquise non seulement en la réclamant, mais en s'en servant, et en s'en servant avec talent et avec mesure, de façon à ne laisser guère de prétexte de la lui enlever. Depuis plusieurs années déjà, il n'y avait pas une bonne œuvre, pas une œuvre de bienfaisance, de prévoyance ou d'instruction à laquelle sa parole ne fût acquise. C'étaient les bibliothèques populaires, pour lesquelles on peut demander à leurs premiers fondateurs ce qu'il a fait; et les sociétés de secours mutuels; et la société Franklin; et les sociétés d'enseignement professionnel, comme celle du Rhône qui nous a appelés plus d'une fois ; et les sociétés pour l'abolition de l'esclavage ou l'éducation des noirs; toutes les sociétés, en un mot, et toutes les réunions qui avaient pour objet soit de faire disparaître un abus, soit de soulager une souffrance, soit de répandre des idées justes, d'apprendre aux hommes à se rassembler avec agrément et avec utilité, d'éclairer les ignorants, d'élever les petits, d'affranchir les opprimés et de rapprocher ceux que sépare la fortune de la vie. Avec quel zèle, j'oserai dire avec quel acharnement il le faisait, vous en avez eu, Messieurs, quelques échantillons, soit ici même dans cette salle, soit dans la vaste salle du Trocadéro, lorsqu'il y est allé pour vous et avec vous. Mais vous n'en avez eu, laissez-moi vous le dire, que des échantillons ; car ce qu'il a fait pour vous, il l'a fait, je le répète, pour tous ceux qui, le méritant, ont eu besoin de lui. Et il n'a dit que l'exacte vérité lorsque, en 1865 et en 1866, parlant un jour pour les nègres affranchis et un autre jour pour les nègres à affranchir, il s'écriait, en faisant déjà l'apologie formelle du droit de réunion : « Toutes les fois que des hommes, quelles que soient leurs vues particulières en politique ou en religion, voudront se réunir pour défendre une de ces grandes causes qui s'imposent à la conscience publique, je déclare que je serai toujours prêt à m'associer avec eux. Soit qu'on veuille que je préside, soit qu'on désire que je parle, soit qu'on aime mieux que je me taise, je serai toujours heureux d'être là. » ... « Vous le voyez, ajoute finement M. Barboux en citant ce passage, il n'y met pas de coquetterie ; il ne se fait pas prier. Il y a une grande cause à défendre ; il s'offre : que dis-je ? il offre même de se taire. » (*Rires.*)

VI

Je ne sais, Messieurs, si c'est à cette époque que M. Laboulaye a eu le plus de mérite et a rendu le plus de services. Pour ma part, je ne serais pas éloigné de croire que c'est plus tard, à l'Assemblée nationale, lorsque, au milieu des luttes des partis, au risque et au prix de sa popularité, et parmi des tristesses publiques et privées dont son cœur et son esprit ressentaient bien profondément le coup, il s'obstina, le mot n'est pas trop fort, à rester un ami, que dis-je? un fanatique de la liberté, de la modération et de la tolérance. Rôle difficile, et dans lequel, à moins d'être doué d'une force de résistance extraordinaire, on risque à tout instant d'être broyé dans le choc des passions adverses. Laboulaye ne fut pas broyé; ses paroles, même alors qu'elles ne changèrent pas grand'chose aux votes, ne furent pas perdues; et il est tel de ses discours (celui du 24 février 1875 entre autres, à l'impression duquel fut due sans nul doute, le lendemain, l'adoption de l'amendement Wallon et la tardive proclamation de la république), qui restera parmi les plus beaux monuments de l'éloquence parlementaire et les plus grands événements de la politique contemporaine. Sa popularité ne fut plus la même, toutefois, et son influence, en apparence du moins, subit des atteintes. C'est peut-être, je le répète, sa plus grande gloire de n'avoir pas hésité à les sacrifier, quand il a cru de son devoir de le faire, à ses convictions. A l'époque où nous sommes arrivés, elles étaient immenses. Aucun homme en France (et hors de France) n'était plus connu, plus lu, plus traduit, plus goûté, plus admiré. Et chose bizarre, et au sujet de laquelle, si c'était le lieu et si j'en avais le temps, il y aurait bien des réflexions à faire, cet homme, qui dans l'ensemble du pays aurait recueilli des voix par centaines de mille, il ne pouvait sur aucun point du pays en obtenir assez pour arriver au Corps législatif. Il eût été le député de la France, il n'était pas l'homme d'un canton. Qu'importe! Il faisait ce qu'il pouvait faire, en attendant qu'il pût faire autre chose; il créait cet art merveilleux de la rhétorique populaire auquel l'avaient préparé vingt-cinq ou trente années d'étude et de réflexion; et il semait à pleines mains, à tous les vents de la parole et à tous les échos de la presse, les fruits de son érudition incomparable, les grâces de son intarissable esprit, et les trésors de son inaltérable sagesse et de sa constante bienveillance. On est étonné, quand on relit, à quinze ou vingt ans de distance, ces articles ou ces allocutions que volontiers on aurait pris pour de la littérature légère ou de circonstance, de ce qu'on y trouve d'impérissable solidité et de profonde clairvoyance. Voici, par exemple, un article sur le partage de la Pologne, publié d'abord comme variété dans le *Journal des Débats* et réimprimé ensuite avec d'autres dans un volume d'*Etudes sur l'Allemagne.* J'y rencontre une lettre de l'impératrice Marie-Thérèse au prince de Kaunitz, bien peu connue et dont bien peu de personnes assurément, lorsqu'il l'a reproduite, ont compris comme lui la valeur et la portée, mais que depuis de tristes événements nous ont trop mis à même de comprendre, et qu'il est bien regrettable que certains grands personnages politiques n'aient pas connue ou méditée en temps utile. Ecoutez, et voyez comme les princes, par la fatalité de leur situation, peuvent à la fois bien penser et mal agir.

« Quand tout mon empire était envahi, quand je ne savais pas même où trouver un abri pour mettre mon enfant au monde, je comptais sur mon bon droit et sur l'aide de Dieu. Mais ici, quand le droit est contre nous, quand nous avons contre nous toute justice et toute raison, j'avoue que je suis plus tourmentée que je ne l'ai été de ma vie et que j'ai honte de me faire voir. Que le prince de Kaunitz considère quel exemple nous donnerions au monde si, pour un misérable morceau de Pologne ou de Valachie, nous vendions notre honneur. » (*Mouvement.*)

Ainsi pensait, ainsi écrivait, ainsi voulait agir celle que les Hongrois avaient appelée leur roi Marie-Thérèse : « *Moriamur pro rege nostro Mariâ-Theresâ !* » Mais, malgré tout son pouvoir, elle n'était pas maîtresse de ses décisions. Troublée par les menaces de Frédéric II, qui mettait son armée sur pied et faisait de l'adhésion de l'Autriche au partage de la Pologne une condition de paix ou de guerre, contrainte par les terreurs et les instances de ses ministres et de son entourage, elle céda. Mais en mettant enfin, malgré elle, sa signature au bas de cet abominable pacte de brigandage international, voici ce qu'elle écrivit : « *Placet* (j'y consens) puisque tant de grands et savants personnages veulent qu'il en soit ainsi ; mais, longtemps après ma mort, on verra ce qu'il résulte d'avoir ainsi foulé aux pieds tout ce que, jusqu'à présent, on a tenu pour juste et pour sacré. »

L'histoire a répondu, Messieurs. Elle a dit si l'iniquité commise à l'égard de la Pologne pouvait profiter aux trois puissances qui se sont partagé cette malheureuse proie. Il en est, il en sera toujours ainsi. La pire des politiques est la politique de haine, de cupidité et de spoliation. Et, sans faire ici de politique contemporaine, je crois pouvoir dire que nous en avons encore à cette heure la preuve sous les yeux. Je crois pouvoir dire (il l'a avoué) qu'il est tel grand personnage qui s'est dit plus d'une fois qu'il aurait dû se souvenir de la prophétie de Marie-Thérèse, et en faire son profit et le profit de son pays. Il n'aurait pas, quand il en était le maître, consenti à ce que de nouveau, en plein dix-neuvième siècle, on abusât de la victoire au point d'arracher des hommes à leur patrie, de démembrer une nation et de violer à la face du monde ce droit de s'appartenir à soi-même qui est le premier de tous les droits pour les individus et pour les peuples. Il n'aurait pas, au risque de s'en repentir trop tard, jeté le trouble dans la conscience de l'Europe et introduit dans les relations internationales un élément fatal de défiance et de crainte qui ne cessera de les rendre difficiles et précaires jusqu'à ce qu'une politique plus haute et plus saine ait réparé les iniquités de la force et définitivement fait prévaloir la loi fondamentale de l'indépendance des nations. (*Applaudissements.*)

J'ai tenu à citer ce document, Messieurs, à cause de son importance d'abord et de sa trop visible application à nos propres destinées ; mais j'y ai tenu aussi à cause du jour qu'il me permettait de jeter sur la façon dont M. Laboulaye (et celui qui en ce moment vous parle de lui), entendaient alors cette « guerre à la guerre », cette prévoyante dénonciation des maux de la guerre et de ses menaces, que je rappelais tout à l'heure. M. Laboulaye était, comme tous ceux qui comprennent que les hommes sont faits pour produire, non pour détruire, pour s'aimer, non pour se haïr, un ami de la paix et un ennemi de la guerre. Il a, plus que personne, dans le discours dont il a appuyé l'un des miens en 1869, et en d'autres occasions, montré les bienfaits de l'une, les méfaits de l'autre. Il a, je l'ai dit, relisez-le, dans son PRINCE CANICHE, exposé sans pitié à tous les regards les horreurs du champ de bataille et fait comprendre ce qu'il y a d'épouvantable dans ces ambitions, ces vanités et ces fantaisies des puissants, qui, pour un mot quelquefois, pour un mot même qui n'a pas toujours été prononcé, envoient à la boucherie des hommes dont le moindre vaut cent fois mieux qu'eux. Il a dit tout cela, et il a, après d'autres, rappelé le mot de Montesquieu: « l'Europe périra par ses gens de guerre. » Il a démontré que « la guerre, c'est la destruction du travail, de l'industrie, du commerce, l'écrasement de tous les citoyens par l'impôt. » A la « vieille société, fondée sur l'esprit de guerre, » il a opposé « la société nouvelle » née dans son sein et « fondée sur le travail, » qui, « lui, ne s'accommode pas du tout de la guerre. » Et il a conclu que « dans un pays où tout le monde vit en travaillant, il est impossible que la politique ne change pas, ne se mette pas au service du travail. Or qui dit règne du travail dit en même temps règne de la paix. » Mais la paix, pour être durable comme pour être digne, suppose la justice ; et s'interdire l'esprit d'agression et d'envahissement, ce n'est pas l'accepter de la part des autres. On peut être homme de paix et patriote (peut-être même est-ce la vraie manière de l'être), et Laboulaye l'était. Il tenait pour criminel et pour insensé de chercher à dévorer les autres, mais il tenait pour lâche et pour fou de se laisser dévorer.

« Le patriotisme avant tout, » disait-il, avec un accent de tristesse indignée, lorsqu'après les malheurs de la France démantelée, il parlait des déceptions infligées à nos espérances humanitaires et de la nécessité suprême de « vivre, et pour vivre de se défendre et de se faire respecter. » Son cœur a saigné, comme celui de tout Français digne de ce nom, des blessures faites à la patrie, et jusqu'à son dernier jour il n'a pu parler du crime de l'Allemagne à l'égard de l'Alsace et de la Lorraine sans une horreur qui le secouait tout entier. Ce qu'il avait ressenti, comme historien et comme homme, pour la malheureuse Pologne, il le ressentait, à plus forte raison et avec une bien autre intensité, comme Français, pour ces tristes lambeaux de notre chair et de notre âme.

C'est dans cet esprit, Messieurs, et avec ces réserves, qu'il faut entendre ses appels à la fraternité humaine. Quand il dit que « les sociétés ne vivent pas parce qu'il y a des lois ou des soldats, mais parce qu'il y règne ce qu'Aristote appelle l'amitié et ce que nous appelons, nous, la fraternité ; » quand il ajoute que, « si l'amitié régnait partout, la justice ne serait pas nécessaire ; » il ne dit rien qui ne soit vrai. Il n'entend pas supprimer pour cela, dans la mesure où l'amitié se refuse à régner et où la violence essaye de prévaloir, la protection de la justice et le droit de légitime défense. Il reconnaît qu'il faut une police, et qu'au besoin chacun de nous doit être prêt à faire de son corps un rempart à son pays. Mais il soutient que résister au mal quand il se présente ou ériger le mal en système sont deux ; et il prétend que l'empire du mal, et par conséquent de la force, peut être réduit et qu'il doit l'être. Et comme c'est de l'homme, de ses erreurs et de ses vices, que vient le mal, le mal individuel et le mal public, c'est à l'homme, dans son intelligence et dans son cœur, par l'instruction et par l'éducation, qu'il s'attaque et qu'il nous met en demeure de nous attaquer. « Si vous voulez tarir l'océan d'iniquités, dit-il, arrêtez les fleuves qui l'alimentent ; tarissez dans leur source, en éclairant et en moralisant les hommes, les eaux d'amertume. » (*Très bien, très bien.*)

VII

Je le répète, Messieurs, c'est cette conviction, cette conviction profonde parce qu'elle était réfléchie, c'est ce sentiment impérieux d'un devoir à accomplir et d'un résultat à obtenir, qui explique cette persévérance, ce zèle, cette ardeur contenue, mais sans défaillances, avec lesquels parmi tant de labeurs, tant d'obligations, et aussi, hélas ! dans les dernières années, tant de douleurs et tant de deuils, l'homme de l'éducation populaire et de l'élévation personnelle, l'admirateur, le biographe et l'émule des Franklin, des Channing et des Horace Mann, a poursuivi jusqu'au bout sa croisade contre l'ignorance, la sottise et la haine. Allant à tous, aux petits comme aux grands, aux pauvres comme aux riches, aux jeunes comme aux vieux, aux jeunes surtout, parce que les jeunes ont l'avenir et parce qu'ils n'ont pas encore pris leur pli définitif ; et à tous, sous toutes les formes et à toutes les occasions, répétant les mêmes choses, donnant les mêmes leçons, rappelant les mêmes exemples. Montrant que le seul talisman ici-bas, c'est le travail ; la seule fortune enviable, celle « qu'on trouve sur le chemin de l'honneur » ; la seule satisfaction sans mélange, le sentiment du devoir accompli ; « la seule chose qui reste, enfin, le peu de bien qu'on a pu faire »; et, comme le bon Leclaire, ce modèle des ouvriers et des patrons, que M. Duruy a si justement nommé un jour *un spéculateur en bienfaits*, terminant volontiers ses discours par un appel à la fraternité, à la vraie, à celle qui élève et dilate, et de sa voix douce et paternelle redisant le refrain de ce brave et digne homme: « Aimons-nous, aidons-nous. » *(Applaudissements.)*

Le disant, Messieurs, et le faisant ; car, ainsi que l'a justement remarqué M. Barboux dans les lignes que je vous ai citées plus haut, il était de ceux dont « les paroles sont des actes. » J'en pourrais donner bien des exemples. En voici un que je prends non pas au hasard, selon la formule (*Rires*), mais parce qu'il est public, parce qu'il m'est, pour ainsi dire, indiqué par la lettre dont vous a donné lecture M. Schmidt. J'ai dit que cette lettre a été écrite à l'occasion d'une distribution des prix de l'institution Bertrand, à laquelle je l'avais remplacé. Peut-être vous êtes-vous demandé ce que c'est que l'institution Bertrand, et comment M. Laboulaye en était devenu l'orateur habituel. Le voici. Lorsque, il y a une vingtaine d'années, quelques braves habitants de Versailles, Bersot, qui s'y était retiré quand il avait sacrifié sa position à sa conscience, Charton, l'homme de toutes les bonnes publications et de toutes les bonnes pensées, et d'autres, voulurent fonder à Versailles une bibliothèque populaire, ils appelèrent à eux, tout naturellement, Laboulaye, qui venait de se faire Versaillais en se fixant à la porte de la ville, à Glatigny. Laboulaye accourut. Une première fois, c'était la réunion préparatoire, il fit en petit comité, pour les amis de la première heure, pour les dévoués, pour les convertis ou pour ceux qui ne demandaient qu'à l'être, un petit exposé de l'œuvre à créer, de ses avantages, de ses difficultés, de la manière de s'y prendre pour qu'elle réussit ; et, cela fait, il ajouta, en montrant deux ou trois assistants qu'il avait fait entrer avec lui : «Je vous ai donné mes conseils, Messieurs, parce que vous me les avez démandés ; mais j'ai mieux à vous offrir que des conseils : des modèles. Voici M. Girard et ses amis, qui ont fondé la bibliothèque populaire du cinquième arrondissement de Paris. Demandez-leur comment ils s'y sont pris, et faites comme eux. » Girard, notre ami Girard, est ce brave homme qui à vingt ans, comme il me l'a conté lui-même, ne savait pas lire et était un assez médiocre cocher de fiacre, mais qui, ayant suivi les cours de l'association philotechnique et s'y étant instruit, ayant remporté notamment le prix de chimie, est devenu passionné pour l'instruction, pour l'instruction des autres comme pour la sienne, et pendant plus d'un quart de siècle a rempli avec un zèle sans égal les fonctions d'agent de cette association et d'agent de la Société Franklin, à la fondation de laquelle il avait, je tiens à le dire, contribué autant que personne. Dans une autre occasion, en terminant son discours sur la jeunesse de Franklin, Laboulaye, qui l'aimait, lui a encore rendu un hommage que je me plais à rappeler : « Pour prouver qu'on peut beaucoup faire en se réunissant, je ne finirai pas cette conversation sans citer un homme dont je trouve le nom parmi les fondateurs des bibliothèques populaires, un ouvrier qui a eu la première idée de ces bibliothèques, qui a été un petit Franklin ; mais, petit Franklin comme petit poisson, chacun peut grandir. Je le remercierai publiquement, et je crois que je serai l'interprète de tout l'auditoire ; je remercierai M. Girard, lequel, avec deux autres ouvriers dont je regrette de ne pas savoir le nom, a eu le premier l'idée de fonder ces bibliothèques, qui aujourd'hui prospèrent, et nous procurent en ce moment le bonheur de nous réunir et de parler ensemble d'une bonne œuvre et d'une bonne action. » (*Approbation.*)

C'est ainsi, en effet, Messieurs, que se sont créées les bibliothèques populaires; et c'est ainsi notamment qu'est née la bibliothèque populaire de Versailles. Et lorsqu'elle fut née, c'était en 1865, et qu'il s'agit de la présenter dans le monde, on tint dans la salle du Jeu de paume, dans cette salle historique, aujourd'hui si admirablement restaurée, alors froide, nue et habituellement fermée au public, une grande réunion qui fut comme un premier réveil des échos de la liberté, endormis à l'ombre de ses murs. Charton et Laboulaye étaient les orateurs; et il avait fallu, cela va sans dire, on était en 1865, une autorisation que pour de tels hommes on avait, soyons justes, accordée de bonne grâce.

J'étais à cette séance et j'y ai entendu les deux discours. Ils furent admirables tous deux, et tout à l'heure, si vous me permettez de prolonger l'abus que je fais de votre patience, j'emprunterai à celui de Laboulaye un passage qui atteint, à mon avis, au sublime. Mais en ce moment c'est de l'institution Bertrand qu'il s'agit. Dans ce discours donc, en parlant de ce qui se faisait à Versailles pour l'instruction et en en remerciant la municipalité, Laboulaye ajoutait : « Il faut faire davantage. On a sous la main tout ce qu'il faut pour cela. Le nom de MM. Bertrand père et fils est venu jusqu'à moi ainsi que celui de M. Langlier, qui vient d'établir des leçons du soir. Associons-nous à ces efforts; ne laissons pas perdre cette bonne volonté et ce dévouement. »

Qu'était-ce que M. Bertrand père? un vieil instituteur. Vieux?.. je veux dire ancien dans le service, car il est plein de vigueur aujourd'hui encore et c'est l'un des maitres les plus actifs de la maison de son fils; mais enfin un homme d'âge mûr, puisqu'il avait un fils marié et établi. Et qu'était-ce que M. Bertrand fils? un jeune instituteur, oh! tout jeune, celui-là, qui avait eu l'idée de créer à Versailles l'enseignement professionnel, qui n'y existait pas. Il avait débuté comme débutent beaucoup de ceux qui réussissent, dirai-je comme il faut quelquefois débuter pour réussir, par la raison, dit encore Laboulaye, que « la pauvreté n'est pas une mauvaise nourrice, quoiqu'elle vende son lait un peu cher : » il avait débuté avec plus d'espérance et de bonne volonté que de ressources, dans un petit local, garni d'un vieux mobilier; et comme bien d'autres il essayait de prouver qu'avec de mauvais outils les bons ouvriers trouvent moyen de faire de la besogne avouable et de s'en procurer de bons pour en faire de meilleure. Comment Laboulaye avait-il entendu parler de ces débuts? Je n'en sais rien. Toujours est-il qu'il en avait entendu parler et qu'il en parlait. M. Bertrand l'apprend. Il apprend que M. Laboulaye, cet homme si considérable, lui a fait l'honneur de le nommer dans une réunion dont tout Versailles parle; il court le remercier. M. Laboulaye lui fait bon accueil et le fait causer. Il est satisfait de ce qu'il entend. Il va voir et il est satisfait de ce qu'il voit; de ce qu'il entrevoit et de ce qu'il prévoit surtout. Il reconnaît qu'à côté de l'homme intelligent et actif, qui veut et qui sait ce qu'il veut, il y a une femme capable de le seconder et de faire marcher la maison pendant que son mari l'anime. Bref, il devient le parrain de l'institution Bertrand, il la soutient de son patronage, il l'aide de ses conseils, il l'encourage de ses visites; et pendant dix-sept ans, Messieurs, pendant dix-sept ans ce professeur illustre, cet administrateur du collège de France, ce membre de l'Assemblée nationale, ce membre de l'Institut, ce sénateur, ce tout ce que vous voudrez, ne manque pas une fois, si ce n'est quand, la maladie le clouant à la chambre, on est réduit à lui chercher un suppléant, de venir faire son discours de distribution aux enfants de l'institution Bertrand. Ah! ces discours, Messieurs, quelle fête pour ceux qui les ont entendus; et quel régal encore pour ceux qui les peuvent lire! Je les ai là. Et, en vérité, si je pouvais pour eux seuls disposer d'une ou de plusieurs séances, avec quel plaisir je vous en ferais des extraits, et j'ose dire avec quel plaisir vous les entendriez! Quel art de se mettre à la portée des plus jeunes intelligences, et quelle grâce à rendre intéressantes, amusantes même, les considérations les plus graves! Quelle bonhomie et quel sérieux en même temps! Quelle habileté à exposer simplement les idées les plus hautes! Et quel talent à tirer des moindres faits ou des plus vulgaires remarques tout un monde de conséquences et de pensées! Ici il constate, avec M. de la Palisse (*rires*), que l'homme a un corps, une intelligence et un cœur. Voilà une belle nouveauté, n'est-ce pas? et une importante découverte! Attendez, de cette simple constatation vous allez voir sortir toute l'éducation, c'est-à-dire « la science de la vie, l'art de bien vivre. » Et vous allez lire, sur ce que nous pouvons et devons faire du capital de notre force physique, du capital de nos facultés intellectuelles et du capital de nos facultés affectives et de notre moralité, des pages incomparables, de ces pages, comme dit si bien M. Barboux, qui vont au cœur, parce qu'elles viennent du cœur. (*Applaudissements.*) C'est une banalité que de répéter qu'il ne faut pas perdre son temps; c'est une leçon qui se grave dans l'esprit quand cet homme, qui est arrivé à tant de choses en ne perdant jamais une heure ni une minute, vous dit que « par la grande route de Demain on arrive au château de Rien du tout, — un château en Espagne! » (*Rires.*) C'est une autre banalité que de répéter aux enfants qu'il faut être poli. Mais comme cette banalité s'élève et s'ennoblit lorsque, remontant à la source de la vraie politesse et faisant voir ce qui en peut sortir, le doux moraliste nous fait comprendre que cette politesse, au nom de laquelle on se range devant un vieillard ou un maître, cette politesse, au nom de laquelle on cède une bonne place à une femme, on avance un tabouret ou un fauteuil à sa grand'mère, ce n'est pas une simple formalité de bienséance ou d'éducation, c'est de la bonté, « la bonté dans les petites choses. » Et c'est de petites choses que les grandes sont faites. (*Très bien.*) Quels conseils encore sur l'art d'être « sociable, » de rendre ce qu'on doit aux autres, au petit frère, à la sœur, au chien même, à la mère surtout et au père, à cette mère de la tendresse de laquelle on abuse trop souvent, et à ce père envers lequel on n'est pas juste toujours, que l'on trouve exigeant, sévère, parce qu'il travaille, pour mettre la vie dans la maison, et parce qu'il veut qu'on travaille comme lui. Écoutez cette page, je ne résiste pas au plaisir de la citer tout entière :

« Vous avez quitté avec regret votre famille, vous y rentrez avec plaisir au bout d'une année de séparation : c'est tout naturel; mais en y rentrant faites-vous cette réflexion : Qu'est-ce que je dois à ma mère? Ah! sa mère, on l'aime toujours et ce n'est pas de ce côté que je vous critique, on l'aime avec une tendresse infinie quand on veut en obtenir quelque chose: mais quand par hasard elle demande une chose toute naturelle : par exemple, ce soir, si, après la fatigue et l'émotion de la journée, elle vous prie d'aller vous coucher de bonne heure, comment lui répond-on d'ordinaire? Je ne veux pas faire la réponse; mais c'est là précisément que devrait venir la réflexion : Qu'est-ce que je dois à ma mère? Depuis que vous êtes au monde elle n'a pas été une heure sans penser à vous; depuis votre plus tendre enfance, quand vous étiez ce petit animal qu'on porte sur les bras, qui crie, qui pleure sans cesse, qui est sans doute charmant aux yeux d'une mère, mais un peu moins aux yeux des étrangers; depuis ce moment-là, dis-je, votre mère n'a pensé qu'à vous : ne lui devez-vous rien? Et à son premier désir, à sa première demande, est-ce à elle ou à vous que vous devez penser? (*Applaudissements.*)

» Quant au père, je trouve qu'on est un peu ingrat envers lui dans la famille; on ne lui rend pas suffisamment justice. On ne le voit guère : il est parti le matin, il revient le soir, et, quand un enfant n'est pas sage, la mère lui dit. « Je serai obligée d'en avertir ton père; » de façon qu'en rentrant à la maison le père fait toujours un peu l'effet d'un croquemitaine. Eh bien, ce pauvre père, il a un rôle cependant, et un rôle considérable, dans la famille. Êtes-vous quelquefois entrés dans une grande fabrique, dans une filature? On y voit des centaines de métiers qui fonctionnent avec une régularité parfaite; tout marche, tout est en mouvement. D'où vient ce mouvement? On vous mène dans une chambre à part, et là vous voyez une grande machine à vapeur qui travaille solitairement, mais sans jamais se lasser, afin de porter la vie partout. Dans l'intérieur de la famille, le père joue un rôle analogue à celui de la machine à vapeur dans la filature. C'est lui qui fait tout marcher. Il faut de l'argent pour la maison, il faut de l'argent pour que vous puissiez étudier : c'est lui, c'est son travail qui crée cet argent, comme la machine crée la force dans l'usine. Et maintenant, ce père qui vous aime, qui travaille pour vous, comment le respectez-vous? comment l'aimez-vous? faites-vous toujours pour lui tout ce que vous devez? » (*Vifs applaudissements.*)

Je vous le demande, Messieurs, lorsque tous les ans, pendant dix-sept ans, des enfants, des jeunes gens, j'ajouterai des parents, ont eu la bonne fortune d'entendre des leçons comme celles-là et tombant d'une bouche comme celle-là, est-il possible d'admettre qu'il n'en soit rien resté? Non; ce sont de bons fils, et par suite, plus tard, de bons pères, de bons travailleurs, de bons citoyens, qui ont été formés ou préparés pour leurs familles, pour la société, pour la patrie. Et l'homme qui a contribué à les former, l'homme qui y a mis son cœur et son esprit, l'esprit de son cœur, *mente cordis sui*, l'homme qui a cru que l'œuvre, en apparence modeste, qu'il accomplissait en portant dans une modeste école ses conseils aux fils des cultivateurs et des artisans n'était pas au-dessous de l'œuvre éclatante qu'il accomplissait en faisant entendre, à la tribune et dans la chaire, sa parole aux législateurs et aux savants, cet homme n'a-t-il pas fait, lui aussi, acte de bon citoyen, n'a-t-il pas été le modèle du bon citoyen ? (*Salves d'applaudissements.*)

Mais, Messieurs, pourquoi parler pour lui, quand lui-même, en mainte occasion, et notamment dans la préface de ses DISCOURS POPULAIRES, il nous a fait sa profession : quand il nous a dit pourquoi il parlait, pourquoi il écrivait, pourquoi il se prodiguait, et quelle était sa noble ambition en semant partout, pour qu'elles pussent lever quelque part, ces idées de progrès, ces idées d'union, ces idées de liberté et de devoir dans la liberté qui sont le fond de tout ce qu'il a dit et écrit?

« Il faut, dit-il dans cette préface, créer une vie sociale; il faut que toutes les conditions se mêlent ; il faut que les plus instruits et les plus sages éclairent et conseillent ceux que l'ignorance ou la misère expose à toutes les séductions... Convaincu de cette vérité, je n'ai jamais perdu l'occasion de parler à mes concitoyens, afin de mettre à leur service l'expérience de peuples plus avancés que nous dans la carrière de la liberté. En 1864, quand, pour la première fois, on a permis des conférences publiques au profit des réfugiés polonais, j'étais là auprès de mon maître et ami M. Saint-Marc Girardin, un libéral de la vieille école, que le temps et les révolutions n'ont fait que confirmer dans les fortes convictions de sa jeunesse. Il y avait déjà des gens difficiles, qui refusaient de parler par permission et à la condition de ne pas parler politique. Ni M. Saint-Marc Girardin ni moi nous n'avons partagé ces scrupules. Le premier devoir d'un citoyen » (vous voyez qu'il se répète et il fait bien), « c'est de ne jamais perdre l'occasion d'agir et de parler. C'est dans les mêmes conditions que j'ai défendu la cause de l'éducation populaire à Versailles dans la salle du Jeu de paume, à Paris en pleine Sorbonne. Il est vrai, » ajoutait-il avec sa fine et malicieuse ironie, « qu'en récompense on m'a interdit de faire des conférences à l'Athénée; j'ai été proscrit en excellente compagnie. Ceux qui liront mes discours seront étonnés de mon innocence, et demanderont peut-être quel était mon crime. On m'a assuré, dans le temps » (c'est en 1869, quatre ans après, qu'il écrit ceci), « que c'était pour sauver la liberté qu'on m'interdisait la parole. Cette raison... ministérielle était-elle sérieuse? je l'ignore; je ne suis pas dans le secret des dieux. » (*Rires.*)

La gaieté, avec lui, vous le voyez, ne perd jamais ses droits. Mais le sérieux, qu'elle ne fait que voiler un moment sans l'étouffer, reparaît bientôt : « Il nous faut une éloquence populaire... La vie des nations est comme celle des individus; elle n'est heureuse que si la raison la dirige, et non point la passion. Le premier besoin des peuples libres est donc une éducation solide, éducation économique, politique, sociale. Cette éducation nous manque complètement en France. Au milieu des erreurs qui nous inondent de tous côtés, et qui emporteront encore une fois la liberté, si l'on n'y prend garde, notre seule chance de salut est de rencontrer des missionnaires laïques qui se dévouent à la cause populaire et prêchent partout la vérité... Puissé-je en susciter parmi la génération nouvelle!... Faire de grandes phrases sur le peuple et sur la démocratie, c'est un jeu d'écolier; vaincre la routine et le préjugé, donner aux Français l'habitude et le goût de la liberté, c'est une œuvre héroïque. Voilà ce que nous avons entrepris, avec plus de courage peut-être que de succès. Tandis que les uns nous regardent avec inquiétude, et les autres avec indifférence, nous défrichons un sol ingrat : puissent nos enfants, plus heureux que nous, jouir de la moisson que nous ne verrons pas! » Cinq ans plus tard, le 3 novembre 1874, à propos de je ne sais plus lequel de mes modestes efforts, il m'écrivait ces lignes, que je garde précieusement, et qui attestent bien la persistance de la même préoccupation : « Nous combattons tous deux pour une bonne cause; j'espère que ce n'est pas en vain. Un jour viendra où le peuple, plus éclairé, n'écoutera plus les sots qui veulent l'abrutir, ni les furieux qui veulent l'égarer. Nous ne serons plus là pour assister à ce beau spectacle ; mais nous n'aurons pas nui à l'œuvre, et c'est une consolation d'y penser. Celui qui plante un arbre n'espère pas en récolter les fruits; » (pas toujours, au moins, mais il jouit de l'espoir de les préparer pour d'autres, c'est le vieillard de La Fontaine.) « Faisons de même; plantons, et prions le Ciel d'arroser. » (*Vifs applaudissements.*)

VIII

Messieurs, voici, si j'en crois ma montre... et ma fatigue, près de deux heures que je parle, et, faut-il vous l'avouer? ce que je regrette, ce n'est pas d'avoir parlé si longtemps, c'est de ne pouvoir parler encore plus longtemps. (*On rit.*) Mon excuse, et la raison pour laquelle vous m'avez écouté et vous m'écoutez encore avec tant de bienveillance, c'est que ce n'est pas ma parole que vous entendez, mais l'incomparable parole du maître dont je ne fais ici que traduire ou rappeler les enseignements. Et cette parole, par un privilège bien rare, au lieu d'avoir, comme tant d'autres, perdu à vieillir, nous trouvons qu'elle a, comme les bons vins, gagné en force et en saveur. Pour moi, je ne m'en cache pas, l'effet en est profond. J'ai eu la bonne fortune d'entendre, dans toute leur fraîcheur, dans toute leur saisissante actualité souvent, une grande partie de ces improvisations dont beaucoup croyaient que le ton de l'orateur ou les circonstances du jour faisaient le succès. J'y trouvais dès lors, et c'était par là surtout que, quant à moi, j'en étais frappé, des mérites plus sérieux et plus durables : la hauteur des vues et la profondeur des convictions. J'ai été émerveillé, en les relisant, de les retrouver plus vraies, plus vivantes, plus réellement humaines encore. Elles n'ont rien perdu de leur charme et de leur grâce. Mais il semble que sous cette grâce, comme un beau corps que voilaient à demi dans leur neuf les draperies dont il est couvert, et dont peu à peu la souplesse et la vigueur se révèlent plus librement aux regards, la puissance des arguments, la noblesse des pensées, la pénétrante émotion des sentiments se fassent mieux comprendre. L'écrivain et le causeur ne sont pas diminués; l'homme a grandi. (*Applaudissements.*)

Aussi ai-je, malgré le précepte de Boileau, grand'peine à me borner. J'ai là sous la main, marqués à votre intention, tant de passages inestimables! C'est, dans un des discours faits à l'institution Bertrand, le commentaire du «LIVRE DES ÉCREVISSES, *ou l'art de mal élever ses enfants*, c'est-à-dire de les rendre maladifs, bêtes, égoïstes et insupportables » (*Rires.*) C'est, dans le même discours, ce viril conseil, qui n'est pas tiré du Livre des Ecrevisses assurément : « Il ne faut regarder ni à côté de soi, ni derrière soi; il faut regarder devant soi et faire son devoir. » C'est, à propos des injustices vraies ou prétendues de la fortune qui servent d'excuse à la paresse et à la nonchalance, cette boutade à la Franklin : « J'ai fait une découverte : La Fortune, dans les temps anciens, était aveugle; les anciens nous la représentent toujours un bandeau sur les yeux : mais la Fortune moderne a fait des progrès, elle n'est plus que borgne. De son mauvais œil elle se sert pour récompenser des gens qui ne le méritent guère; mais de son bon œil elle va directement chez les hommes qui travaillent, qui ont de la volonté et de la science. » (*Bravos.*) Et cette réflexion si belle sur les diverses espèces d'obéissances : « l'obéissance passive, forcée, » qui n'est qu'une « obéissance d'esclave, triste et odieuse; » l'obéissance volontaire, « l'obéissance d'honneur, grande, belle, patriotique, » qui accepte le commandement et le sacrifice et l'ennoblit en l'acceptant; et « l'obéissance d'amour » enfin, qui non seulement accepte, mais qui embrasse le devoir, « qui met sa gloire à servir ceux qu'on aime. » Voyez ailleurs, à propos de l'instruction des femmes, ces deux phrases qu'on pourrait appeler une démonstration par le rire : « Jusqu'ici on était à peu près dans les idées de cet Anglais à qui l'on offrait une fille en mariage. On lui vantait les qualités de la demoiselle ; on lui disait : « Elle sait trois langues. » Il répondit : « Je refuse, c'est déjà trop d'une. » (*Hilarité.*) Eh bien, Messieurs, il y a un moyen d'empêcher que les femmes ne parlent trop, à supposer que cela arrive... (*Nouveaux rires.*) C'est de les instruire. En général, quand les femmes parlent beaucoup, c'est qu'elles ont la tête un peu vide : remplissez-leur le cerveau, elles parleront moins, et elles parleront mieux. » (*Applaudissements.*) C'est encore l'histoire de cet homme qui s'est rendu malade en mangeant des pommes vertes, et à qui le médecin donne une ordonnance pour les yeux, parce que, dit-il, « si tes yeux avaient été bons, ils t'auraient montré que les fruits que tu as mangés étaient verts... On en peut dire autant de l'esprit, qui est l'œil de l'âme... Toute la sagesse humaine est dans cette observation... » Ou ce touchant tableau de la femme veuve, exemple de ce que peut la faiblesse soutenue par le sentiment du devoir. Elle a, la pauvre femme, « peu de santé, peu de ressources, et de petits enfants qui ne sont pas bien forts. » Mais « elle sait qu'elle a besoin de vivre pour ses enfants, et à force de soins, de travail, d'honnêteté, elle trouve moyen de vivre, d'élever sa petite famille, de se faire aimer et respecter de tous. La lampe est fragile, la lumière est faible, mais elle est pure ; et tout le monde, en passant auprès de cette mère dévouée dit : « Voilà une honnête femme. » (*Bravos.*) Ecoutez encore, à propos de ce dernier mot, ce portrait de la vérité, dans lequel il y a des leçons pour bien du monde, hommes et femmes : « La vérité m'a toujours fait l'effet d'une honnête femme. Avez-vous remarqué qu'avec beaucoup de frais et de peines, en étendant à l'infini leur crinoline, en mettant derrière leur tête une botte de cheveux, les honnêtes femmes, après avoir dépensé l'argent du ménage, arrivent à ce résultat qu'elles ne ressemblent plus à des femmes honnêtes? Il en est de même de la vérité. Quand on la pare et qu'on la farde, elle a l'air du mensonge. Laissons-lui donc sa simplicité; c'est son plus grand charme; c'est ce qui fait que, quand une fois on l'a vue, on ne peut plus en détacher ni ses yeux ni son cœur. » (*Très bien.*)

Ailleurs, c'est la modération, qui est « la leçon de l'histoire; » et l'humanité, qui « vit par le bien; » et la république, qui est « le gouvernement de tout le monde, » la chose de tout le monde, la chose publique : ce qui étonnera assurément ceux qui croient que c'est leur chose et que ce doit être leur gouvernement (*Rires*); et la page magistrale dans laquelle est résumée la vie de celui qu'on a appelé « l'honnête Lincoln; » et l'abeille, heureuse parce qu'elle travaille et parce qu'elle est libre; et le Juif errant, tirant de ses longues courses à travers le temps et l'espace cette leçon dont plaise à Dieu que nous profitions : « C'est par la liberté que commencent les peuples; c'est par l'administration qu'ils finissent. » Que de morceaux, Messieurs, et quelle mine pour un bon lecteur qui de lieu en lieu s'en irait avec ces quelques volumes dans son sac. C'est de celui-là qu'on pourrait dire qu'il a passé en faisant le bien. Je les lui laisse; mais il est, avant de vous rendre votre liberté, deux passages que je me reprocherais de ne pas citer. Vous me pardonnerez après les avoir entendus. Laboulaye, comme homme public, y est tout entier. Je vous ai donné ailleurs sa profession de foi morale. Ici c'est sa profession de foi politique, telle qu'il l'a développée dans la plupart de ses écrits, et notamment dans son livre sur *l'Etat et ses limites*.

« Plus les événements se déroulent, plus il devient clair qu'il y a deux écoles de républicains. Il y a l'école radicale, autoritaire, qui, dans la révolution, n'admire que la Convention et confond la liberté avec la puissance politique.

Le suffrage universel, une seule Chambre » (vous voyez qu'il est fidèle aux convictions de sa jeunesse), « et des députés maîtres de la vie publique et privée des citoyens, voilà leur idéal. Laissez-les faire, c'est au nom du peuple qu'ils imposeront à la France un joug oligarchique qui lui fera regretter la monarchie. Pour moi, je pense que dans une république il est aussi nécessaire de brider le législateur qu'il est nécessaire de brider le prince dans une monarchie. Autrement, qu'y gagnera la liberté? qu'y gagneront les citoyens ? En se rangeant du côté de la monarchie contre le parlement, Voltaire disait qu'il aimait mieux avoir affaire à un gros lion que d'être dévoré par une centaine de rats. Moi, j'imagine qu'il vaut mieux s'arranger pour n'être dévoré par personne. » (*Rires*.) Et à cette école autoritaire l'ami de la liberté oppose, une fois de plus, ce qu'il appelle l'école libérale, « école qui remonte aussi visiblement à 1789 que l'autre à 1793, » et pour laquelle « le gouvernement a pour objet principal de maintenir la paix publique et de protéger la liberté de l'individu et du citoyen. »

L'autre passage, qui exprime au fond la même idée (et ce n'est pas surprenant, puisque telle a été la conviction de toute sa vie), je le trouve dans ce discours pour la bibliothèque populaire de Versailles, prononcé dans la salle du Jeu de paume, dont j'ai parlé plus haut. Est-ce le lieu qui l'inspire ? Toujours est-il que lui, cet orateur pénétrant, mais tranquille, qui ne sortait guère de ce qu'on appelle le genre tempéré, qui jamais n'enflait sa voix claire et bien posée, et qui toujours, même lorsqu'il nous émouvait le plus, semblait fuir ces effets oratoires dont d'autres sont si friands et si prodigues, il se laisse aller cette fois à un véritable transport d'enthousiasme. Cela vaut mieux, et c'est plus sincère que la célèbre prosopopée de Fabricius. « Où sommes-nous? dit-il. Dans la salle d'où est sortie la révolution. C'est ici, en 1789, que la révolution a commencé. Et cependant » (admirez une fois de plus, Messieurs, l'art et l'à-propos qui ne l'abandonnent jamais;

c'était sous l'empire, et tous les préfets n'avaient pas fait preuve de libéralisme et de bon sens); « et cependant, » continue-t-il, « il s'est trouvé un administrateur assez homme d'esprit et de sens pour ne pas craindre d'installer une réunion populaire dans cette salle dont le nom seul eût fait frémir un préfet moins confiant. Est-ce donc que le souvenir de la révolution soit mort dans nos âmes? Non. Ceux qui ont juré ici à la France de mourir pour la liberté, ceux-là vivent toujours dans nos cœurs; ce sont nos ancêtres. Malouet, Barnave, Duport, Bailly, vous dont je revois les grandes figures; vous qui n'avez proscrit personne, mais qui avez été proscrits; vous qui n'avez jamais été les bourreaux, mais qui avez été les victimes et les martyrs de la liberté; oui, vous êtes nos pères, et je vous rends hommage. Cette liberté que vous avez achetée au prix de votre sang, c'est grâce à vous, aujourd'hui, que nous en usons, et sans danger pour personne. Ce qui rend un peuple révolutionnaire, c'est la poursuite d'un droit qu'on lui refuse, ce n'est jamais l'usage d'un droit reconnu. Quand on exerce un droit, on est modéré par la force des choses. Et si l'âge ne m'avait modéré, il me semble » (remarquez encore l'heureux tour de cette précaution oratoire) « que je serais encore plus sage en pensant qu'ici rien ne me gêne et que j'ai le droit de dire tout ce que je veux sous ma propre responsabilité. Cette liberté dont nous jouissons, c'est celle que ces hommes rêvaient; ce n'est pas cette liberté en bonnet rouge et la pique à la main, le pied sur des cadavres, qui trouble et qui ensanglante la rue. Non, notre liberté à nous est une mère de famille qui veille sur le berceau de ses enfants, qui protège les consciences, qui multiplie les écoles, une liberté enfin que l'on épouse, et à laquelle on reste fidèle jusqu'au dernier jour : voilà la liberté que nous voulons, et, grâce à notre sagesse, nous l'aurons. » (*Vifs applaudissements.*)

C'est bien l'homme qui devait dire plus tard, à la fin de son PARIS EN AMÉRIQUE, et comme conclusion suprême :

« Folie d'amour, on en peut guérir ; folie de liberté, on n'en guérit jamais. »

Il serait fâcheux, n'est-ce pas? qu'on en guérît, quand c'est de cette façon qu'on en est atteint, quand c'est ainsi qu'on aime la liberté et qu'on la sert. (*Nouveaux applaudissements.*)

Et maintenant un dernier morceau (c'est bien le dernier), que je prends dans ce discours sur le progrès dont je vous ai parlé, il y a une heure ou deux (*Rires.*) Oh! je regrette de n'y prendre que cela, car tout y est supérieur, et je serais tenté de dire que c'est là que Laboulaye s'est élevé le plus haut. Le sujet y prêtait ; mais comme il l'a traité! Quelle justice il rend à cet homme que l'on ne craint pas aujourd'hui encore de méconnaître et d'injurier jusqu'à la tribune nationale; à cet homme, le plus grand peut-être de notre histoire et par l'intelligence et par le cœur; à ce Turgot que la faiblesse du roi «abandonna», dit-il, « au moment même où il venait d'émanciper l'industrie », et où par la liberté il allait sauver la monarchie; à cet homme qui, plus qu'aucun autre, «a été animé de l'amour de l'humanité et a vu clair dans l'avenir » ; à cet homme, enfin, «qui était seul capable de faire des réformes qui auraient évité la révolution !» Et ce panégyrique n'est pas un hors-d'œuvre; car Turgot, Messieurs, c'est la personnification du progrès. Il n'écrit et ne parle que pour l'enseigner; il ne travaille que pour le réaliser. Ce n'est pas assez dire; c'est lui (et Laboulaye a raison de lui en faire honneur), c'est lui qui le premier a jeté dans le monde, non comme une idée en l'air ou comme une impression d'un jour, mais comme une doctrine réfléchie et comme une foi agissante, la croyance au progrès. C'est Turgot qui, dès l'âge de vingt-trois ans, dans ce merveilleux discours où, trente-six ans à l'avance, il prédisait l'émancipation des colonies de l'Amérique du Nord, a exposé magistralement cette vue, alors nouvelle, d'une croissance continue de l'humanité, et formulé en théorie politique et en théorie économique la remarque si profonde, mais jusqu'alors si peu comprise, de Pascal : « L'humanité est comme un homme immense qui vivrait toujours et qui toujours apprendrait. » Avant lui, malgré quelques éclairs ainsi échappés au génie de quelques-uns, il semblait que les hommes, que les générations, que les sociétés, que les empires ne fissent autre chose que de paraître et disparaître, les uns après les autres, comme des moissons successivement fauchées et consommées; naissant, grandissant, florissant, vieillissant et mourant, sans rien laisser d'eux que d'inutiles souvenirs et de stériles regrets. Turgot, le premier, a su démêler, dans cet apparent chaos de l'histoire, autre chose que de perpétuels recommencements, et sous l'écorce sèche des vieilles pousses du passé il a retrouvé, cachée au plus profond parfois, mais vivante et impérissable, la sève féconde des jeunes pousses de l'avenir. Il a su, à travers ces alternatives de succès et de revers, de lumière et d'ombre, de flux et de reflux, saisir cette ascension graduelle du niveau moyen qu'un contemporain, John Bright, a si magnifiquement appelée la grande marée de la Justice et de la Liberté. Il a compris, en un mot, qu'il y a un plan de l'histoire, non pas fatal sans doute, parce que l'homme est libre et que c'est à lui à faire son sort en le méritant, mais vers lequel tendent à le ramener incessamment et les conséquences de sa sagesse et celles de ses erreurs, et dont la réalisation laborieuse constitue la civilisation. Et il a appelé cela le progrès, c'est-à-dire la marche en avant, la marche vers un but. Progrès qui ne nous fait pas peut-être, absolument parlant, meilleurs en nous-mêmes; car, si nous avons plus de lumières et si nous sommes mieux pourvus, nous sommes tenus par cela même de valoir mieux, sous peine de valoir moins; mais qui améliore la condition générale, qui augmente le nombre et la valeur des hommes, qui brise les chaînes des esclaves, qui ouvre les yeux des aveugles, qui renverse les obstacles et efface les antagonismes, qui mène vers le bien-être, en un mot, vers la science et vers l'union par le travail et par la moralité, et fait à l'humanité une place plus belle et plus large sur cette terre, sur laquelle elle a, comme chacun de ses membres, sa carrière à fournir. (*Applaudissements.*)

Voilà la grande idée de Turgot, Messieurs. M. Laboulaye l'expose avec une simplicité pleine de majesté; et, après l'avoir exposée, il la met en regard de la vieille idée des recommencements pour montrer quel changement elle a introduit dans la vie, dans la vie publique et dans la vie privée. Et cette vieille doctrine, savez-vous où il en prend l'expression la plus haute? Dans Bossuet. Oui, précisément parce que, je l'ai dit, c'était un esprit profondément religieux, parce que, comme Franklin, il pensait qu'il faut, pour faire quelque chose, croire à quelque chose, il met en regard de la figure de Turgot la grande figure de celui qu'on a appelé le dernier Père de l'Église. C'est dans un sermon de Bossuet, dans l'un des plus éloquents, qu'il va chercher, avec la vieille idée de la chute (de cette chute adoucie sans doute par la possibilité de la rédemption au delà de la tombe, pour combien? mais sans perspective de relèvement ici-bas), l'exagération de l'idée du renoncement et le tableau de la fragilité des ambitions humaines poussé jusqu'à la désespérance. Il nous donne ce magnifique morceau, magnifique au point de vue de la langue, magnifique au point de vue des mouvements, mais véritablement écrasant au point de vue de la vie et de l'action.

Il nous montre qu'à prendre à la lettre cette doctrine (qui n'est peut-être pas, il est vrai, bien d'accord avec la religion de foi, d'espérance et d'amour au nom de laquelle elle est prêchée, et dans laquelle peut-être aussi il faut faire la part de l'effet oratoire), « il n'y a qu'un parti à prendre, c'est de fuir dans un cloître, c'est de maudire cette vie horrible où tout est désespoir, ou bien de s'étourdir en épicurien et de dire : «Tout doit finir avec nous, jouissons en attendant, et ne nous inquiétons pas de l'avenir. »

Et en face de cette dangereuse conception, sous l'empire de l'idée du progrès, il en place une autre, dans laquelle « la vie n'est plus un chemin qui mène à l'abîme, c'est un chemin qui s'élève et qui mène au sommet d'une montagne ; là où le soleil qui se couche ne fait que passer dans un autre hémisphère, où le couchant est une aurore. (*Très bien, bravos.*) Voici le morceau, il vaut bien, je crois, même pour la forme, celui de Bossuet :

» Toute la vie prend un autre caractère quand on sait qu'à chaque pas, si on laisse derrière soi quelques jours écoulés, on avance dans le chemin de la vertu et de la vérité. Loin de maudire la vie, je la bénirais, et je dirais : « Enfant, toi qui viens au monde entouré des caresses et de l'amour de ta mère, bénis le ciel qui t'a fait naître dans un siècle qui laisse derrière lui tant de siècles écoulés. Tu y trouveras non seulement une instruction meilleure, mais une société qui, mère elle-même, soutiendra tes premiers pas. Et toi, jeune homme, marche en avant sans crainte. Tu rencontreras, comme tous les jeunes gens, ce double sentier que trouva Hercule et où voulaient l'entraîner, d'un côté la Vertu, de l'autre la Volupté. Tu peux choisir entre les passions égoïstes, qui te sépareront du reste des hommes, et ce chemin de la vertu, qui n'est autre chose que le chemin de l'amitié, de l'affection et du dévouement. Marche, jeune homme; si humble que tu sois, tu peux être utile à la patrie, aux hommes qui ont besoin de sentir une main amie qui serre la leur et un cœur qui batte à l'unisson. Et toi, homme fait, qui es en possession de ta force, de ton esprit, n'y a-t-il pas des misères à secourir, de l'instruction à répandre? Tu es riche, tu es heureux, tu as une réputation faite : profite de cette réputation, use de cette richesse; que ta main soit ouverte, que ton cœur le soit aussi. Il y a des libertés à défendre et des frères qui sont prêts à s'associer à toi. C'est la patrie qui t'appelle : écoute la voix de la patrie. C'est la vérité qui t'implore : réponds à la voix de la vérité. Marche en avant, ne t'inquiète pas de l'avenir.

» Et le vieillard, me dira-t on, il est arrivé au bord de l'abîme. Nous voici à l'inévitable et triste fin de la comédie... Eh bien, la vieillesse... Je puis peut-être en parler en connaissance de cause : Je touche à l'âge où, comme le dit Bossuet, on sent déjà l'ombre de la mort. Je n'ai plus rien à craindre ni à espérer du monde. On ne me rendra ni ma jeunesse évanouie, ni les amis que j'ai perdus, ni tant de braves compagnons tombés le long du chemin ; et cependant j'ai le cœur rempli d'espérance. Il ne se passe pas un jour où je ne puisse encore être utile. Si aujourd'hui j'ai éveillé en vous une passion noble, ravivé l'amour de la patrie et de la liberté, ai-je perdu ma journée? Que m'importe que je sois vieux? C'est un compte que j'ai à régler avec Dieu. En attendant, servons les hommes. » (*Bravos.*)

Je m'arrête, Messieurs, sur cette parole. Il serait impossible d'en trouver une qui peigne mieux la douce et forte figure dont j'ai si imparfaitement esquissé les traits devant vous. Il serait impossible de mieux rendre, pour ceux qui l'ont connu lui-même, non plus que pour ceux qui, sans l'avoir connu, ont pu lire, loin du jour où elles ont été prononcées, ses paroles toutes empreintes du même esprit et pénétrées du même souffle, la pensée dominante, la pensée supérieure et directrice qui a été le fil conducteur de la vie de l'homme éminent, de l'homme haut placé par la science et par la situation, de l'homme bon surtout et de l'homme haut placé par le cœur, dont il m'a été donné de tenir trop imparfaitement ce soir (et trop longtemps) la place au milieu de vous. Il ne me reste maintenant qu'un souhait à former. C'est que, malgré la différence des talents et de l'autorité, il me soit permis, à moi aussi, en nous séparant, d'emporter la pensée que j'aurai pu, comme un écho affaibli mais fidèle, réveiller dans quelques cœurs quelque bon sentiment, ranimer quelque espérance, soutenir peut-être quelque courage qui chancelait. S'il en était ainsi, Messieurs, si une seule des paroles qui sont sorties de ma bouche ou qui ont passé par ma bouche avait eu cette vertu; s'il m'avait été donné, je le répète, d'atteindre un seul d'entre vous et de porter dans une seule âme un peu de lumière, un peu de consolation, un peu d'énergie, je me dirais à mon tour, en quittant cette salle, comme Laboulaye se l'est pu dire, en quittant cette terre : (1) « Je n'ai pas perdu ma journée. » (*Applaudissements prolongés.*)

---

(1) J'aurais dû dire : Comme il se l'est dit. Voici, en effet, (je ne sais pourquoi, dans mon improvisation, je me suis arrêté avant la fin,) le dernier paragraphe de ce discours sur le progrès dont j'ai extrait la belle page qui précède :

« Et quand viendra le dernier moment, j'éprouverai ce que j'ai senti tant de fois dans ces belles nuits d'automne, où le ciel est parsemé de mondes infinis. Non, la vie est partout, et il est impossible que Dieu, comme un ouvrier malhabile, laisse la raison de l'homme s'élever et se fortifier pour la détruire au moment où elle arrive à toute sa grandeur. Non! j'ai la confiance qu'il y a, par-delà ce monde, un progrès infini de liberté, de vérité et d'amour; non, je dirai, plein de foi :
« Mon Dieu, je m'abandonne à tes mains paternelles. Tu ne m'as pas
« soutenu à travers tant d'orages, tu ne m'as pas donné la soif de la
« vérité, l'amour de la lumière, pour me tromper au moment suprême
« et me noyer au port. »

9-84 3532 — Paris. Typ. Morris Père et Fils, rue Amelot, 64.

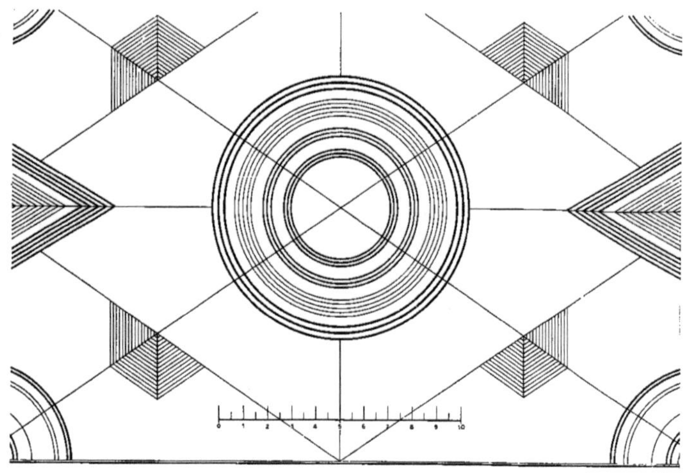

SERVICE PHOTOGRAPHIQUE

www.ingramcontent.com/pod-product-compliance
Ingram Content Group UK Ltd.
Pitfield, Milton Keynes, MK11 3LW, UK
UKHW020113240726
13926UKWH00011B/1047

9 782016 112335